DIE NOTH IM SPESSART

orbensien
rareprints

DIE
NOTH IM SPESSART.

EINE MEDICINISCH - GEOGRAPHISCH - HISTORISCHE SKIZZE.

VORGETRAGEN IN DER PHYSICALISCH-MEDICINISCHEN GESELLSCHAFT

IN WÜRZBURG

AM 6. UND 13. MÄRZ 1852

VON

RUD. VIRCHOW,

ZUR ZEIT VORSITZENDEM DER GESELLSCHAFT.

(Aus den Verhandlungen der phys.-med. Gesellschaft Bd. III.)

WÜRZBURG.
VERLAG DER STAHEL'schen BUCHHANDLUNG.
1852.

Reprint 1998
Verlag Orbensien · Bad Orb im Spessart

Reprint, reprografischer Nachdruck.
Das Schriftbild wurde 1:1 reproduziert.
Der Verlag dankt dem Stadt- und Stiftsarchiv Aschaffenburg,
das seinen Originalband für die Reproduktion zur Verfügung stellte.

Die Deutsche Bibliothek · CIP-Einheitsaufnahme

Virchow, Rudolf:
Die Noth im Spessart : eine medicinisch-geographisch-historische Skizze ;
vorgetragen in der Physicalisch-Medicinischen Gesellschaft in Würzburg am
6. und 13. März 1852 / von Rud. Virchow. - Reprint der Ausg. Würzburg,
Stahel, 1852, 1. Aufl. - Bad Orb im Spessart : Verl. Orbensien, 1998
(orbensien rareprints)

ISBN 3-927176-08-7

Reprint, 1. Auflage 1998
(c) für diese Ausgabe:
Verlag Orbensien Edmund Acker, 63619 Bad Orb im Spessart
Porträtabbildung: Interfoto, München
Gesamtherstellung: fotokop Weihert, Darmstadt

Vorwort zur Reprintausgabe

von Hanspeter Goldschmidt

"Die Noth im Spessart – eine medizinisch-geographisch-historische Skizze." So nannte Rudolf Virchow seinen Vortrag, den er in der physikalisch-medizinischen Gesellschaft in Würzburg am 6. und 13. März 1852 gehalten hat, nachdem er, im Auftrage des königlich-bayerischen Innenministeriums, mit den Regierungsräten Schmidt und Koch, die von Hungersnot bedrängten Gegenden des Spessarts besucht hat, um den als gefährdet dargestellen Gesundheitszustand der Bewohner zu erforschen.

Den Untertitel "eine medizinisch-geographisch-historische Skizze" könnte man leicht umformen in eine "sozialmedizinisch-geographisch-aktuelle Skizze", denn der Name Spessart läßt sich leicht durch viele anderen Namen ersetzen, die heute – wie damals der Spessart – "nicht zu den glücklichsten Zonen der Erdoberfläche zählen".

Es ist das große Verdienst Virchows: Auf die Zelle als Bauelement des menschlichen Organismus eine Krankheit begründet zu haben. Weniger bekannt ist aber, daß Rudolf Virchow Pathologe, Kommunalhygieniker, Anthropologe und Prähistoriker, aber auch Sozialmediziner gewesen ist. Die Grundlage für seine späteren Forschungen in Berlin legte die Zeit von 1849 bis 1857, wo er als Pathologe an der Medizinischen Fakultät in Würzburg arbeitete, zunächst gegen den Willen des königlichen Staatsministeriums des Inneren, die den preußischen Dozenten und Barrikadenkämpfer bei der Märzrevolution 1848 in Berlin nicht gerne in Würzburg sahen und die Einstellung davon abhängig machten, daß er sich künftig jeglicher politischer Betätigung enthalten würde.

Sein Vortrag "Die Noth im Spessart" ist nicht nur deshalb interessant aus Lokalpatriotismus oder weil vieles, was er damals 1852 gesagt und geschrieben hat, heute noch gilt. Nicht umsonst beginnt man heute wieder über die neue Armut, über Erkrankungen und deren Ursachen nachzudenken. Nicht nur, weil sich Atemwegserkrankungen und Bronchitiden, die er sehr ausführlich beobachtet und beschrieben hat, nicht von denen unterscheiden, die wir auch heute beobachten, sondern weil er Wege aufzeigt, die aus der Not herausführen können.

Er schreibt in seinem Untersuchungsbericht über den Spessart:

"In den Dörfern des Mittelgebirges leben viele bleichsüchtige, hungernde und hüstelnde Menschen, die ihr armseliges Los ohne erkennbares Lamentieren ertragen. Die Bewohner sind anfällig für Bauchthyphus und Bronchitis sowie für Krätze und Kopfgrind. Vielfach wird ärztliche Hilfe abgelehnt. Sie opfern ihr geringes Geld lieber für das Lesen von heiligen Messen und bauen so auf überirdische Hilfe. Bedenklich auch die engen Wohnverhältnisse, die einer großen Ungebundenheit des sozialen Lebens Vorschub leisten. Diese führten zu einer geschlechtlichen Immoralität und zu einer Auflösung der Familie. Die Folge sind viele uneheliche Kinder ...".

Verhältnisse wie sie auf einen großen Teil unserer hungernden Weltbevölkerung zu übertragen sind.

Wenn er schreibt: "..., daß gegen diese Mißstände nur das Volk selbst ankämpfen kann, durch seine eigene Tätigkeit und Rührigkeit, durch selbständiges und selbsttätiges Wirken, das nur nachhaltig erregt und unterhalten werden kann durch Bildungsunterricht und Erziehung" – und dann frägt: "Wessen Aufgabe ist dies?", "Wer erkennt diese Aufgabe an?", "Wer erfüllt sie?" – dann sind diese Fragen brennender denn je.

Virchows sozialmedizinischer Schlußfolgerung: "Bildung, Wohlstand und Freiheit sind die einzigen Garantien für die dauerhafte Gesundheit eines Volkes" ist eigentlich nichts mehr hinzuzufügen.

Ein Reprint seines Vortrages geschieht deshalb nicht als historisches Andenken an den großen Lehrer und Forscher Rudolf Virchow, sondern aus der Erkenntnis heraus, daß seine Ansichten heute nicht nur noch Gültigkeit haben, sondern wieder Gültigkeit haben müssen.

Dr. med. Hanspeter Goldschmidt ist Kinderarzt und Sozialmediziner. Er ist ärztlicher Leiter der Rehabilitationsklinik für Kinder und Jugendliche an der Spessart-Klinik Bad Orb. Die Einrichtung wurde im Jahre 1884 von den Brüdern Hufnagel aus Hanau, dem Arzt Wilhelm Hufnagel und dem evangelischen Pfarrer Friedrich Hufnagel, als "Kinderheilanstalt" gegründet.

Am 21. Februar 1852 reiste ich mit den Herren Regierungsräthen Schmidt und Koch, gegenwärtig Beide Mitglieder unserer Gesellschaft, im Auftrage des Ministeriums des Innern von Würzburg ab, um die von Hungersnoth bedrängten Gegenden des Spessarts zu besuchen und den durch traurige Gerüchte als gefährdet dargestellten Gesundheitszustand der Bewohner zu erforschen. Es waren just vier Jahre, seit ich von dem preussischen Medicinal-Ministerium nach Oberschlesien geschickt worden war, um dort die „Hungerpest" zu studiren. Am Abende des 20. Februar 1848 war ich von Berlin abgereist, voll von der Unruhe und dem Mitgefühle, welches eine so unbekannte und so schreckliche Seuche bei jedem Arzte erregen musste, und doch wenig ahnend, wie bleibende und dauerhafte Einflüsse die Erfahrungen dieser Reise auf den ganzen Kreis meiner Anschauungen ausüben würden. Vier ereignissreiche Jahre waren seitdem vorübergegangen, und doch standen die Bilder jener Noth noch immer frisch und schroff in meiner Erinnerung da. Sollten sie jetzt durch neue verdrängt werden? —

Unsere Spessart-Reise war äusserlich glücklich, obgleich sie alle die Schwierigkeiten hatte, welche ein Bergland, mitten im Winter, nach verheerenden Ueberschwemmungen darbietet: kurze Tage, grosse Entfernungen oder bei kleinen Distancen grosse Umwege und bedenkliche Strassen. Nur das Wetter begünstigte uns, denn es war meist klar bei mässiger Kälte, und der Schnee fiel nirgends in solcher Menge, dass er uns auf den grösseren Wegen unmittelbare Hindernisse bereitet hätte. Wir gingen den ersten Tag nach Aschaffenburg, besuchten von da aus am folgenden Leidersbach, ein abgelegenes Dorf in den südlichen Vorbergen des Spessarts, gingen über Aschaffenburg und Hessenthal zurück in den inneren Spessart, durchmusterten am 23. Weibersbrunn und Rothenbuch, am 24. Waldaschaff, gingen dann über Weiler, Unter-Bessenbach, die Weiberhöfe und Laufach nach Hain, von da am 25. nach Heinrichsthal im Hochspessart, und stiegen in den Kahl-Grund herab, wo wir über Gross-Kahl und Laudenbach am Abend Schöllkrippen erreichten. Am 26. durchwanderten wir der Reihe nach die Ortschaften des Kahl-Grundes: Schöllkrippen, Ernstkirchen, Sommerkahl, Gross- und Klein-Blankenbach, Erlenbach, Königshofen und Schimborn, und gewannen über Mömbris am Abende Alzenau im Freigericht. Von da fuhren wir am 27. durch kurhessisches Gebiet über Meerholz und Gelnhausen nach Wirtheim und Orb, und gelangten am 28. über Aura, Burgsinn und Rieneck wieder in's Mainthal nach Gemünden zurück, von wo wir Würzburg bald erreichten.

Unsere Reise führte uns demnach durch die mannigfaltigsten Gegenden des Spessarts und seiner Vorberge, und da wir überall das thätigste und freundlichste Entgegenkommen der Beamten, Aerzte und Revierförster fanden, und die schnellsten Aufschlüsse durch die Pfarrer, Schullehrer etc. erhielten, so gewährte sie in aller Kürze in diesem abgeschlossenen Rahmen ein klares und übersichtliches Bild, wie es unter anderen Verhältnissen nicht leicht zu gewinnen sein möchte. Hohe Standorte liessen uns weite Ueberblicke über die freilich winterlich verschlossene Landschaft thun, von denen das Auge sehr bestimmte Anschauungen der Oberflächen-Verhältnisse mitbrachte. Zahlreiche, von Haus zu Haus vorgenommene, häufig ganz unerwartete Besuche zeigten uns Keller und Haus, Küche, Stube und Kammer, Boden, Stall und Scheuer in ihrer wahren und unverhüllten Beschaffenheit, und wir sahen die Bevölkerung in ihrem gewöhnlichen und in ihrem feiertäglichen Thun und Treiben, inmitten ihrer Familien und ihrer Leiden *).

Der Spessart ist ein der grossen Welt ziemlich unbekanntes Gebiet, und wenn auch Mancher die Strasse gen Aschaffenburg und Frankfurt, die über seine Höhen führt und neben der das reizende Waldmährchen von Immermann spielt, gereist sein mag, so kommen doch ausser den nächsten Nachbarn fast nur Forstleute und Holzhändler in seine innern, verschlossenen Thäler. Es ist nicht die Strasse der Touristen und der flüchtig Reisenden; sogar das selbstgefällige Auge des medicinischen Historikers hat den Schleier, der über der Leidensgeschichte dieses Volkes ruht, nicht gelüftet. Was die Regierung in früheren Jahren Menschenfreundliches gethan und berathen hat, um das Wohl des bedrängten Volkes zu sichern, mag wohl wenig über den Kreis der Eingeweihten hinausgedrungen sein, und selbst die

---

*) Ich führe dies an, damit nicht wieder ein nörgelnder Referent über den „flüchtig Reisenden" ein vornehmes Urtheil vom grünen Tisch am warmen Ofen fälle, und meine eigenen Anschauungen einem fremden Gewährsmanne zuschreibe, wenn ich für Einzelnes frühere Arbeiten citire. Ist es mir doch passirt, dass man meine ganz selbstständige Darstellung der Oberflächen-Verhältnisse Oberschlesiens, für welche ich einzelne Höhen- und Boden-Bestimmungen des Oberbergrathes Hrn. v. Carnall verwerthete, als von diesem herrührend in einem Jahresbericht mittheilte!

königliche Gnade hat hier wenig Lobredner gefunden. So still und einsam ist der Spessart.

Es ist nicht die glücklichste Zone der Erdoberfläche, in welcher der Spessart liegt. Der Längengrad von Pless und Rybnik in Oberschlesien (50^0 nördl.), der auch Prag und Mainz trifft, schneidet mitten durch den Spessart, etwas nördlich von Rothenbuch, und die Zone zwischen 50^0 und 51^0 schliesst den Norden von Gallizien, Oberschlesien, das Riesen-, Erz- und Fichtel-Gebirge (Voigtland und Oberfranken), den Thüringerwald, die Rhön, das hessische Vogels-Gebirge, den nassauischen Westerwald, Luxemburg und grosse Stücke beider Flandern ein. Ueberall in diesen Ländern tönt auch jetzt wieder der Nothschrei, überall in ihnen ist die öffentliche Hülfe aufgerufen, und nicht zum erstenmal ist die Gefahr des „Hungertyphus" in mehreren von ihnen zur Wirklichkeit geworden.

Der Main, indem er die Hochebene von Unterfranken durchschneidet und in seinem tiefen, sonnigen Thale an den Rändern überall den Muschelkalk aufdeckt, der unter der Keuperformation ein mächtiges Lager bildet, geht von Würzburg aus ziemlich gerade gegen Nordwesten bis Gemünden, wo er auf den Spessart stösst. Die Sinn, welche hier in fast nördlicher Richtung herabströmt und mit der fränkischen Saale in den Main fällt, scheidet plötzlich Land und Leute. Muschelkalk und Keuper verschwinden, und der bunte Sandstein erhebt sich in grosser Mächtigkeit; schöner Buchen- und Eichenwald schliesst das Ackerland ab; fränkische Tracht, fränkische Wohnungen, fränkische Physiognomieen machen den Eigenthümlichkeiten der Spessarter Platz. Hier sind die alten Gränzen von Würzburg und Churmainz.

Der Main, in seinem Laufe plötzlich zurückgeworfen, fliesst jetzt fast ganz südwärts bis gegen Wertheim, wo er die Tauber aufnimmt, wendet sich dann westlich um die Vorberge des Spessarts herum, bei Miltenberg zwischen die Höhen des Odenwaldes und des Spessarts ziemlich eng eingeschlossen, und verändert hier, von Neuem durch die steilen Abhänge des Odenwaldes zurückgedrängt, nochmals sein Bett, um, fast genau parallel dem Zuge von Würzburg bis Gemünden, auf Aschaffenburg und Hanau zu strömen, wo sich die breite Main-Ebene anhebt. Er umfliesst auf diese Weise den Fuss des Spessarts in langer Curve, und erreicht vor und hinter ihm ziemlich gleiche nördliche Breite.

Die dadurch gebildete Zunge füllt der Spessart fast ganz aus, nach dem Süden hin sich senkend, in der Mitte zu einem mässigen Rücken sich erhebend, der genau die Wasserscheide zwischen den östlichen und westlichen Waldbächen bildet. Es ist ein ziemlich continuirlicher, obwohl nicht sehr hoch abgesetzter Grath *), der gegenüber von Miltenberg am Main in dem Engelsberg beginnt, dann allmälig ansteigt, bei Krausenbach 1299', zwischen da und den zwei Steinen 1408', an diesen selbst (zwischen Krausenbach und dem 1600' hohen Jockel, der an der Aschaffenburg-Würzburger Strasse liegt) 1517' erreicht, und endlich in dem Geiersberg, südöstlich von Weibersbrunn, bis 1900' sich erhebt. Der Grath geht dann in seinem nördlichen Zuge fort, indem er sich allmälig senkt und bei Heinrichsthal im Mittel 1335' Par. hoch verläuft. In diesem ganzen Verlaufe führt er den Namen der Eselshöhe, eine alte Tradition, denn schon die Römer hatten hier eine Strasse, via asinina genannt. Von Miltenberg, wo das östlichste römische Castell am Main stand, gränzte diese Strasse das decumatische Land von dem freien Germanien ab. Ob sie selbst geschützt war, scheint nicht ausgemacht zu sein, denn der Limes Romanorum wird so gezeichnet, dass er von Hessen aus auf Aschaffenburg, das alte Castrum Ascapha, wo noch jetzt die Zeichen der V. und der XXII. (britannischen) Legion gefunden werden **), dann gegen Klein-Wallstadt, das seinen Namen trägt, und Elsenfeld, wo unter Caracalla die Schlacht am Dammsfeld (campus damnatus?) gegen die Alemannen geschah, endlich auf Miltenberg und Bürgstadt verläuft, von wo er südlich fortgeht. Indessen sollen im Forstreviere Wiesen und bei Cassel im Landgericht Orb, dessen Namen an Castellum erinnert und dessen schon 976 mit Wirtheim in einer Schenkung des Kaisers an das Stift Aschaffenburg gedacht wird, noch Spuren eines Pfahlgrabens gefunden werden ***), ganz ähnlich denen auf dem Taunus, deren langen Zug man bei der Besteigung des Feldberges von Homburg aus durchwandert.

In der Gegend von Cassel stiess die Eselsstrasse senkrecht auf eine andere grosse Heerstrasse (via exercitialis), welche von Osten nach Westen zog und noch heute den Namen der hohen oder Birkenhainer Strasse trägt. Dieselbe beginnt auf der Höhe zwischen Gemünden und Rieneck bei dem Schanz- oder Zollhause von der Vereinigung der Sinn und Saale, lief dann über Rengersbrunn (Regisbrunn soll es vom Barbarossa heissen) auf die Höhen von Orb (urbis?), und endigte gegen Alzenau und Hanau. Es ist dies klassischer Boden der deutschen Geschichte, denn auf

---

*) Vergl. die skizzirte Topographie Aschaffenburgs in J. J. Reuss, Wesen der Exantheme. Nürnb. 1818. Bd. III. S. 22.

**) Gebrannte Steine von da mit dem Zeichen der XXII. Legion finden sich auch in der Sammlung des historischen Vereins zu Würzburg.

***) Geschichte und Beschreibung von Aschaffenburg und dem Spessart von Behlen und Merkel. Aschaffenb. 1843. S. 4. 8. 138.

dieser Strasse zog Kaiser Carl der Grosse von Ingelheim am Rheine auf Saaleck und nach seiner Pfalz an der Saale, der alten Salzburg (Palatium Salz) oberhalb Kissingen bei Neustadt, wo er Reichstage hielt und die Gesandten des Orients empfing, und wo noch jetzt ein weiter Bau von Mauern, Thürmen und Gebäuden von der alten Macht der carolingischen Herrscher Zeugniss gibt. Diese Strasse zog auch Friedrich der Rothbart, dessen Jagdschloss noch jetzt in Schöllkrippen steht, und dessen stolze Burg in Gelnhausen in ihren Trümmern die künstlerische Pracht des edeln Hohenstaufen zeigt. Zwischen Gelnhausen und Alzenau liegt Rodenbach, das von dem vielen Blut so geheissen ward, als Kaiser Friedrich von geheimem Ueberfalle durch die Leute der hohen Mark um Alzenau gerettet wurde, und ihnen dafür soviel Gerechtsame schenkte, dass ihr Land noch heute das Freigericht genannt wird. Auf der Haisbach-Höhe zwischen Cassel und Höchst stand noch bis in späte Zeiten die Kaiser-Eiche, unter der der grosse Kaiser zu ruhen pflegte. Viel theure Erinnerungen halten hier das Gedächtniss des Rothbarts wach, aber er schläft den langen Schlaf im Kyffhäuser, und in den Ruinen seiner Kaiserburg in der jetzt kurhessischen Stadt Gelnhausen hausen Schaaren von Bettlern.

Die hohe Strasse bezeichnet den nördlichen Theil des Spessarts, dessen Verlauf von Osten nach Westen geht, und der sich im Orber Reisig bis 1702′ erhebt*). So stellt sich dieses ziemlich grosse Terrain als ein ausgedehntes Hochland dar, dessen bedeutendere Erhebung theils in der Richtung der Eselshöhe, theils in der der hohen Strasse fortzieht, das sich übrigens nach allen Seiten ohne erhebliche Senkungen an diese Centralmassen anschliesst. Wenn man seine Oberfläche im weitesten Sinne zu 32, im engeren zu 19.15 ☐ Meilen berechnet, so kann seine mittlere Erhebung nicht über 1200—1400′ über dem Meere veranschlagt werden. Die Höhe des Main-Spiegels aber beträgt bei Gemünden 450′, bei Miltenberg 395′, bei Aschaffenburg 366′, während der Nicolausberg unmittelbar an Würzburg 960′ und der Main-Spiegel bei uns 499′ hoch liegt. Rothenbuch liegt 1216′, Heinrichsthal 1394′, Weibersruh (eine Quelle des Weibersbrunner Baches) 1150′, Heigenbrücken 914′, Waldaschaff 734′ hoch. Auch in dieser Beziehung zeigt das Land also eine gewisse Aehnlichkeit mit Oberschlesien, welches bei einem Flächenraum von etwa 35 ☐ Meilen ein vielfach durchschnittenes und zerrissenes Hochplateau bildet, dessen Elevation über der Ostsee durchschnittlich 900—1000′ beträgt. (Vergl. meinen Bericht im Archiv f. pathol. Anat. Bd. II. S. 145.)

---

*) Die Höhenbestimmungen sind mir durch Hrn. Schenk nach Klaubrecht gütigst mitgetheilt worden.

Wenn man von erhabenen Punkten aus das Land überblickt, so sieht man fast nur ein mässiges Hügelland vor sich ausgebreitet, dessen sanft abgerundete Kuppen ziemlich dicht bei einander stehen und das auf und ab mit dem schönsten Laubwald überdeckt ist. Wie ein grosser Park liegt dieser prächtige Wald, das schönste Muster deutscher Forstcultur, mit seinen Schlägen und „Culturen" ausgebreitet: ein fast regelmässiger Wechsel junger und alter Bestände, deren Alter um Jahrhunderte differirt*). Im ganzen Gebiete des Spessart liegt keine einzige Stadt; nur Dörfer von zum Theile ziemlich bedeutender Grösse, halb versteckt in den Thälern und Gründen der Waldbäche, unterbrechen in weiten Abständen diese grosse Waldeinsamkeit.

Erst am westlichen Umfange, in dem Bezirke, der von Aschaffenburg aus nordwärts zieht, ändert sich der Character des Bodens und der Fläche. Hier treffen wir überall auf die Spuren **vulkanischer** und **plutonischer Thätigkeit**. Für die nächsten Umgebungen von Aschaffenburg hat unser auswärtiges Mitglied Hr. **Kittel** schon eine genauere Darstellung geliefert (Skizze der geognost. Verh. Aschaffenb. 1840), und Hr. **Scherer** hat in seinen Vorträgen in den Sitzungen vom 25. Mai und 8. Juni 1850 der Gesellschaft ein durch zahlreiche Demonstrationen illustrirtes Bild dieser Region entworfen (Verhandl. Bd. I. S. 175). Ueberall an den westlichen Abhängen des Gebirges trifft man auf Urformationen, namentlich sehr reichlich auf Gneiss, Glimmerschiefer, Syenit, Granit; an manchen Punkten sieht man isolirte Porphyrkuppen vorragen, und Basalte brechen vielfach hervor, wie z. B. in dem weithin sichtbaren Kegel des Beilsteines im Orber Bezirk, welcher die Trümmer der Burg der Metterniche trägt. Hier ist nichts mehr von dem gleichmässigen Bau des inneren Spessarts. Wie die Urgebirgs-Formationen gegen Westen unter dem bunten Sandsteine hervortreten, beginnt anch der Wechsel langer Bergzüge, abgerissener Kegel und tiefer, ausgedehnter Thalgründe. Von der Strasse, die am Westabhange

---

*) O Spessart, edler Forst, du bist
Der Wälder Preis zu jeder Frist.
Wie weit umher in Land und Gauen
Auch forschend rings die Augen schauen,
Mit deinen Buchen, deinen Eichen
Lässt sich kein and'rer Wald vergleichen!
Wie Säulen schlank im Tempelraum'
Steh'n deine Stämme, Baum an Baum,
Und deine Wipfel wölben sich
Zum weiten Dom andächtiglich.
    Zedlitz, Waldfräulein. 1s. Abenteuer.

des eigentlichen Spessarts über Sailauf, dessen alte Bergkirche aus dem 11. Jahrhundert stammen soll, gegen den Engländer bis zu 1400' ansteigt, schweift das Auge weithin über ein buntes Bergland, welches in weiter Ferne der Odenwald und der Taunus abschliessen. Etwas nördlich von hier aus beginnt in einem langen Zuge gegen Südwesten hin der Kahl-Grund, bald enger, bald weiter, ein dicht bevölkertes Thal, beiderseits von Bergen eingeschlossen, in denen zum Theil früher, zum Theil (auf kurhessischem Gebiet) noch jetzt auf Kobalt, Kupfer, Eisen etc. gebaut wurde. Die Berge am linken Ufer der Kahl steigen immer höher an, je südlicher man vorrückt, und endigen in dem weithin sichtbaren, 1641' bayer. hohen Hahnenkamm, östlich von Alzenau. Die Kette, welche das rechte Ufer der Kahl begleitet, endigt etwas früher, indem sie sich allmälig in die Main-Ebene verflacht, aber noch bis zuletzt ihren vulkanischen Charakter bewahrt.

An dem ganzen Westumfange dieses Gebirgszuges finden wir, zum Theil noch ziemlich südlich, Salzquellen; im Bayerischen die von Orb, von Soden und von Sulzbach, im Hessischen die von Salmünster, Soden und Salz, eine Reihe, die sich auf Brückenau und Kissingen und die Gegend der carolingischen Salzburg fortsetzt, und von der Hr. Kittel wahrscheinlich macht, dass sie aus einem ausgedehnten Salzlager stammen möge, welches die Sohle des bunten Sandsteines bildet (l. c. S. 54). Von besonderem Interesse sind die in neuerer Zeit auch ärztlich angewendeten Quellen von Orb, welche mit einem grossen Kohlensäure-Gehalt aus der Erde hervorsprudeln und neben denen sich sehr reiche Kohlensäure-Mofetten befinden, die durch Zuleitung einer süssen Quelle zur Herstellung eines schönen Sauerbrunnens benützt werden. Hier hat die menschliche Industrie ein Verhältniss künstlich hergerichtet, welches den natürlichen Mechanismus des intermittirenden Sprudels in der Kissinger Saline am Besten zu erklären scheint.

Dieser westliche Zug ist es also, der die Fortsetzung der basaltischen und phonolithischen Erhebungen der Rhön zu bilden scheint, wie es schon vielfach ausgeführt worden ist. An diesen Stock schliessen sich dann die neptunischen Ablagerungen der Trias: des bunten Sandsteines, des Muschelkalks und des Keupers, welche das unterfränkische Land der Reihe nach überdecken. Alle diese Gesteine sind der Verwitterung auf's schnellste ausgesetzt, und bei Hain, wo die Eisenbahnbauten kaum erst die Lager des Glimmerschiefers, der von Syenit durchbrochen ist, blossgelegt haben, ist schon jetzt fast die ganze Oberfläche wieder zu feinem Staub verwittert.

Auf diesem Verwitterungs-Boden ist es, wo sich die grosse Waldcultur des Spessarts ausbreitet. Es ist ein steriles Ackerland, und wo die einzelnen

Colonisten zum Theil geräumige Markungen im Innern dieses Terrains erhalten haben, da setzt doch die Magerkeit und die grosse Austrocknungsfähigkeit des Bodens einer geordneten Feldwirthschaft häufige Hindernisse entgegen. Die relativ grosse Elevation des Landes, vielleicht mehr noch die enorme Waldfläche bedingen dabei eine Rauhigkeit des Klima's, welche an die Schilderung des alten Germaniens erinnert. Möglich sogar, dass Tacitus, der sich mit so grosser Breite bei der Schilderung der Chatten aufhält, gerade von diesen Gränzen des römischen Weltreichs genauere Kenntnisse gesammelt hatte. Silvis horrida, frugiferarum arborum impatiens.

„Im Hochspessart, wo man nur zwei Jahreszeiten ohne merkbare Uebergänge kennt, reifen nur dünnes, körnerarmes Sommerkorn, Hafer und Buchwaizen", sagen Behlen und Merkel (S. 112). Seit langer Zeit ist daher auch hier, wie in allen armen Ländern, die Kartoffel die eigentliche Nahrungspflanze geworden. Auch die Viehzucht ist beschränkt, da die geordnete Forstwirthschaft ihr bestimmte Grenzen setzt, und nur Schweine werden, zum Theil gleichfalls auf Kosten der Kartoffel, in grosser Zahl gezogen.

Schon in der Nibelunge Not wird der Spechtshart (nemus pici) erwähnt, und es scheint, dass er lange Zeit den deutschen Königen als Jagdrevier gedient hat *). Im Jahr 976 kam er durch Geschenk Kaiser Otto's II. an das Stift Aschaffenburg, scheint aber noch in demselben

---

*) Im 17ten Abenteuer des Nibelungenliedes, „wie Siegfried ermordet ward", wird erzählt, dass bei der grossen Jagd im Odenwald der Wein absichtlich vergessen war, um Siegfried zum Trinken aus der Quelle und so in die zu seiner Ermordung passende Stellung zu bringen. Als sich nun Siegfried beschwerte, dass es an Getränk fehle, sagte Hagen von Troneck (Ausg. von Lachmann S. 107. v. 908. Ausg. von Schönhuth S. 279. v. 7802):

— Vil lieber herre min.
ich wande daz diz pirsen. hivte solde sin.
da zem Spehtsharte. den win den sande ich dar.

Freilich ist es möglich, dass der hier genannte Spessart am linken Mainufer gelegen hat. Erst im Sommer des vorigen Jahres wurde nicht weit von dem Dorf Grasellenbach im „Walddistricte Spessart" (des Odenwaldes) an der Quelle, an welcher nach Knapp's Localuntersuchungen der hörnerne Siegfried getrunken haben und ermordet sein soll, ein steinernes Denkmal statt des bisher dort befindlichen Kreuzes errichtet. Wenn man sich aber erinnert, dass früher Aschaffenburg selbst im Spessart lag, so ist es sehr wohl denkbar, dass derselbe sich früher noch über den Main bis in Gegenden, die man jetzt zum Odenwald rechnet, erstreckt habe.

Sehr bezeichnend für die Benennung ist folgende, mir von Hrn. F. Reuss gütigst mitgetheilte Stelle aus Helmbrecht (29. in von der Hagen Gesammt-Abenteuer):

Daz lim mit vogelen was bezogen,
Als ob sie dar waeren gevlogen
Uz dem spehtharte.

Jahrhunderte mit dem letzteren an das Erzstift Mainz gelangt zu sein. Im 12. Jahrhundert hiess er daher Maguntinum nemus. Gegenwärtig gehört er mit kleinen Ausnahmen ganz zu Bayern. Der eigentliche innere Spessart bildet fast allein das Landgericht Rothenbuch; der Kahl-Grund (mit dem Freigericht) zählt zum Landgerichte Alzenau, und den nördlichen Theil umfasst das Landgericht Orb. Ringsherum greifen die Landgerichte Lohr, Rothenfels, Klingenberg, Obernburg, Aschaffenburg und zum Theil Gemünden mehr oder weniger in ihn hinein. Für den gegenwärtigen Zweck sind es daher hauptsächlich die Bezirke Rothenbuch, Orb, Alzenau und zum Theil Lohr, auf welche wir uns näher einzulassen haben. Die statistischen Angaben sind, wo nichts Anderes bemerkt ist, aus den von Herrn von Hermann aus amtlichen Quellen edirten „Beiträgen zur Statistik des Königreichs Bayern, München 1850" entweder entnommen oder berechnet.

Nach der Zählung vom Jahre 1849 fand sich folgendes Verhältniss:

Unterfranken und Aschaffenburg 162.317 ☐M. 587402 Einwohner.
Rothenbuch 6.511 „ 12774 „
Orb 4.813 „ 11786 „
Lohr 3.941 „ 11484 „
Alzenau 3.620 „ 16812 „

Berechnet man das **Verhältniss der Einwohner zur Bodenfläche**, so erhält man für verschiedene Jahre auf 1 ☐M.:

	1840	1846	1849
Unterfranken und Aschaffenburg	3568	3647	3619
Rothenbuch	1829	1905	1961
Orb	2611	2553	2448
Lohr	2979	2988	2913
Alzenau	4536	4705	4644

Hier zeigt sich freilich eine sehr grosse Verschiedenheit, allein man darf dabei nicht aus den Augen lassen, dass Rothenbuch wesentlich und Orb und Lohr zum grossen Theile Walddistricte sind, und der gewöhnliche Massstab der Population hier nicht angelegt werden darf. Dagegen tritt bei Alzenau um so auffallender das relativ dichte Bevölkerungsverhältniss hervor. Die Thatsache der Abnahme der Bevölkerungen im Jahre 1849 gegen die früheren, wenn sie auf richtigen Zählungen beruht, bezieht sich auf ganz Unterfranken, und nur bei Orb und Lohr sehen wir 1849 sogar eine geringere Bevölkerung, als fast ein Decennium vorher. Dies wird um so klarer, wenn wir die drei Spessart-Bezirke durch eine **grössere Reihe von Jahren** verfolgen:

	Rothenbuch	Orb	Lohr
1827	11036	7827	12268
1830	11735	12668	10988
1834	11878	12673	11255
1837	12059	12468	11489
1840	11910	12570	11644
1843	12211	12569	11752
1846	12402	12288	11775
1849	12774	11786	11484

Während demnach Rothenbuch, obwohl am dünnsten bevölkert, den regelmässigsten Zuwachs von Bevölkerung zeigt, so bietet Orb seit 1830 das Beispiel einer mit geringen Schwankungen sinkenden Population, und Lohr ist erheblich unter die Zahl von 1827 gekommen. Leider können wir über das Auswanderungs- und Sterblichkeits-Verhältniss keine correspondirenden Zahlenreihen beibringen, so dass wir uns begnügen, dieses auffallende Exempel constatirt zu haben.

Der Spessart lehrt uns, wie ungenügend für die Statistik es ist, das Verhältniss der Bodenfläche zur Bevölkerung allein zu kennen. Wenn diese Bodenfläche bestimmten, anderen Culturzwecken dient, so kann daraus gar kein Rückschluss auf die Dürftigkeit der Bevölkerung, auf ihr sociales Verhältniss und auf ihre medicinischen Zustände gezogen werden. Wie ich es schon bei der Betrachtung der oberschlesischen Geschichten ausgeführt habe, so ist hier vor Allem das wirkliche Wohnungsverhältniss in's Auge zu fassen. Denn wie die Leute wohnen, das gibt schliesslich den Maassstab für ihr Leben ab, nicht wie grosse Bodenflächen zwischen ihren Wohnungen oder ausser denselben sich befinden. Leider enthalten die officiellen Zahlen nur für das Jahr 1840 eine Angabe über die Zahl der bewohnbaren Privatgebäude:

	Wohnungen	Familien	Seelen	Auf 1 Wohnung Familien	Seelen
Unterfr. u. Aschaff.	93656	125540	579279	1.34	6.7
Rothenbuch	1807	2343	11910	1.29	6.5
Orb	1723	2585	12570	1.50	7.2
Lohr	1557	2760	11644	1.77	7.4
Alzenau	2646	3342	16422	1.26	6.2

Zur Erklärung dieser Zahlen braucht man noch eine andere Vergleichung, nämlich das Verhältniss der Kopfzahl zur Zahl der Familien. Dieses berechnet sich nach den Zählungen von 1827, 1840 und 1849 folgendermassen:

	1827	1840	1849
Unterfranken und Aschaffenburg	1 : 4.8	1 : 4.6	1 : 4.5
Rothenbuch	5.1	5.0	4.6
Orb	5.3	4.8	4.2
Lohr	5.2	4.2	4.2
Alzenau	5.0	4.9	4.8

Hieraus ergibt sich das eigentliche Wohnungsverhältniss mit einiger Klarheit. In Orb und Lohr, wo durchschnittlich $1\frac{1}{2} - 1\frac{3}{4}$ Familie auf ein bewohnbares Privatgebäude kommen, ist natürlich auch die Zahl der Bewohner eines solchen Hauses ungleich bedeutender, als in ganz Unterfranken; in Alzenau, wo die Familienzahl im Verhältniss zu den Wohnungen viel geringer ist, als in Unterfranken, ist doch die Kopfzahl nur unbedeutend kleiner, weil die Familien grösser sind; in Rothenbuch endlich, wo die Familienzahl ebenfalls geringer ist, als in ganz Unterfranken, ist doch die Kopfzahl fast der von Unterfranken gleich, weil von 1827—1840 nirgends die Familien soviel Mitglieder zählten, — ein Verhältniss, welches mit der fast stetigen Zunahme der Bevölkerung seit 1827 durchaus übereinstimmt. Allein diese Verhältnisse gestalten sich noch schroffer, wenn wir die drei grösseren Städte (Würzburg, Aschaffenburg und Schweinfurt) mit ihrer Militär-Bevölkerung, die allein 180 Familien und 7095 Köpfe betrug, in Abrechnung bringen. Wir erhalten dann folgende Zahlen für das ländliche und kleinstädtische Gebiet von Unterfranken:

   89831 Wohnungen,   117992 Familien,   535845 Seelen,
also auf   1 Wohnung   1.31   „   und 5.96   „

Im Allgemeinen können wir daher sagen, dass das eigentliche Wohnungsverhältniss in dem betreffenden Bezirke eine grössere Dichtigkeit der Bevölkerung anzeigt, als in Unterfranken, und dass die geringere Kopfzahl im Vergleich zur Bodenfläche keineswegs ein richtiges Bild von dem socialen Leben dieser Bevölkerung abgibt.

Die Zahlen von Orb und Lohr stimmen wunderbar überein mit denjenigen, welche ich in Oberschlesien fand. Auch dort kamen nach der Zählung von 1834 etwas weniger als 7.5 Menschen auf eine Wohnung. Leider bin ich im Augenblick ausser Stande, die weiteren Vergleichungen anzustellen. In Oberschlesien nämlich kamen im Jahre 1847 etwas mehr als 9.5 Menschen auf eine Wohnung, und es zeigte sich, dass von 1834 bis 1847 die Vermehrung der Wohnungen zu der Vermehrung der Volkszahl in dem ungünstigen Verhältniss von 1 : 20 stand. (Vergl. meine Mittheil. über die in Oberschlesien herrschende Typhus-Epidemie, Berlin 1848 S. 24. Archiv für pathol. Anat. Bd. II. S. 164). Wahrscheinlich würde sich für den Spessart etwas Aehnliches nachweisen lassen. Man sieht relativ so wenig neue Häuser, dass insbesondere im Landgerichte Rothenbuch die Wohnungsverhältnisse wahrscheinlich erheblich verschlechtert und die Dichtigkeit der Bevölkerung wahrscheinlich bedeutend vermehrt worden ist. Die Anschauung, wie sie sich hier überall ohne allen statistischen Anhaltspunkt unmittelbar gewinnen lässt, ist eben die, dass die Wohnungen überfüllt und die Bewohner auf's Aeusserste zusammengedrängt sind.

Wohin man kommt, sieht man im Spessart relativ kleine Häuser, die über einem meist ganz überirdischen Keller ein einziges Wohnzimmer mit engem Kämmerlein und eine kleine Küche enthalten. Man steigt über eine steinerne Treppe zu einem kleinen Vorplatz herauf, der geradeaus in die Küche, an einer oder auch zu beiden Seiten in die Wohnzimmer, nach oben auf den Vorrathsboden führt. Unter demselben Dache ist häufig auch der Viehstall und die Scheune. Ringsum und namentlich vor dem Hause sind Mistlachen, und an einer Seite gewöhnlich stösst ein kleiner Garten heran. Nur im Kahl-Grunde sind die Häuser meist geräumiger, oft zweistöckig, gewöhnlich auch freundlicher und reinlicher. Allein auch hier fehlt noch der Schornstein, und der Rauch strömt von der Küche gewöhnlich durch den Vorplatz und durch die in der Mitte quer getheilte Thür zum Hause heraus, indem er natürlich alle inneren Räume mit durchdringt. Erst im Sinn-Grund, wo man wieder fränkisches Gebiet berührt, kommen auch wieder die Schornsteine zum Vorschein.

Im Innern einer solchen Wohnung haust eine fast immer sehr zahlreiche und mit Kindern gesegnete Familie. Zuweilen sind mehrere Generationen gleichzeitig, zuweilen auch mehrere fremde Familien zusammen darin vorhanden. Insbesondere häufig ist es aber, dass Seitenverwandte mit Kindern zugleich dieselben Räume mitbewohnen. Die meist sehr schmutzigen und, wo es möglich ist, dicken und heissen Betten stehen in geringer Zahl sowohl im Zimmer selbst als in dem oft dunkeln und dumpfen Kämmerchen, so dass es gewöhnlich ist, wenn 2—3 Personen, selbst von verschiedenen Geschlechtern, in demselben Bette schlafen.

Die Dörfer an sich sind keineswegs eng, im Gegentheil liegen die einzelnen Häuser meist ziemlich getrennt von einander. Vieles erinnerte mich hier z. B. in Leidersbach, in Waldaschaff an die langen oberschlesischen Dörfer (Archiv II. S. 165), denn auch hier zogen sich die Häuser halbe und Dreiviertel-Stunden lang in den allmälich sich senkenden, meist von einem schnellströmenden, wasserreichen Bach durchströmten und an dessen Rändern mit Wiesen besetzten Thälern fort. Wäre diese Bauart nicht so allgemein verbreitet, so könnte man glauben, hier das altgermanische Wesen noch rein vorzufinden, von dem Tacitus sagt: Nullas urbes habitant;

vicos locant, non in nostrum morem connexis et cohaerentibus aedificiis: suam quisque domum spatio circumdat. Colunt discreti ac diversi, ut fons, ut nemus, ut campus placuit. Immerhin zeigt sich hier noch die allmäliche und natürliche Entwicklung der Dörfer aus einzelnen Colonisationen. Freilich wissen wir über die Entstehung der Spessartorte bis jetzt sehr wenig. In den früheren Zeiten ward der Spessart ausser seinem Wilde fast nur wegen seiner Bäume gerühmt. So singt Wolfram von Eschenbach im Willehalm (Ausg. von Lachm. 1833 S. 466):

> Solch was der banier zuovart,
> als al die boume Spehtshart
> mit zendal waeren behangen,

und im Parcival (ibid. S. 108):

> von Dianazdrun der plan
> muose zeltstangen wonen
> Mer dan in Spehteshart si 'ronen.

Wo der Spessart in den Regesta boica erwähnt wird (III. 153. VII. 346. in den Jahren 1260 und 1339), da ist von keinen Ortschaften die Rede; der Name Rorbrunnen, welchen gegenwärtig ein einzelnes Jägerhaus trägt, scheint auch damals keine Dorfbezeichnung gewesen zu sein. Nur an den Rändern und in den äusseren Thälern scheinen sich früh Mönche und einzelne Adelsgeschlechter (ich erwähne darunter die 1665 ausgestorbenen Echter von Mespelbrunn, aus deren Geschlechte Bischof Julius von Würzburg, der Stifter des Spitals und der Regenerator unserer Universität stammte) angesiedelt zu haben. Der innere Spessart blieb aber gewiss sehr lange unbewohnt. Schildert doch noch im 17. Jahrhundert der Jesuit Athanasius Kircher, der sich zwei Tagereisen von Fulda auf dem Wege dahin im Spessart verirrte, denselben mit den düstersten Farben und schreibt seine Rettung einer speciellen höheren Fürsorge zu. Erat autem portio sylvae, quam Spessartum vocant, mihi transeunda: sylva sane horrida, et non latrociniis tantum, sed et ferarum noxiarum frequentia infamis! (Vita Athan. Kircheri, August. Vindel. 1684. 8. p. 11. Auf der Univers. - Bibl. beigebunden einem Fasciculus Epistolarum Athan. Kircheri soc. Jesu, accurante Hieron. Langenmantel).

Die ursprüngliche Bevölkerung, wie sie namentlich in den westlichen, und nördlichen Theilen des Spessarts und dem Kahl-Grunde, wo nach Allem die ältesten Ansiedelungen bestanden haben, sich angesiedelt zu haben scheint, mag wohl mit dem hessischen (chattischen) Stamme zusammengehört haben, denn noch jetzt deuten manche Eigenthümlichkeiten, namentlich des weiblichen Kopfputzes auf eine solche Uebereinstimmung, die mit den Ostfranken durchaus nicht besteht. Die Weiber tragen überall das Haar hinten glatt gekämmt und die ganze Masse nach oben zurückgeschlagen, so dass es auf der Höhe des Scheitels in einem kleinen, meist mit einem flachen Häubchen bedeckten Knoten befestigt ist. Der Menschenschlag ist im Allgemeinen wohl gebildet und namentlich das weibliche Geschlecht zeichnet sich durch grössere Frische und angenehmere Form vortheilhaft vor den fränkischen Frauen aus. Erwägt man ferner, dass die Spessarter, wie fast alle Wald- und Bergbewohner mit einer äussersten Liebe an ihrer Heimath hängen, dass sie fast immer auch nach längeren Wanderungen in dieselbe zurückkehren und trotz ihres kümmerlichen Lebens nicht davon zurückzubringen sind, so wird es in der That nicht unwahrscheinlich, dass sich hier noch Spuren der ältesten Bevölkerung vorfinden mögen.

Andrerseits darf aber nicht übersehen werden, dass viele Beispiele einer spätern Vermischung mit anderen Stämmen vorliegen. So ist namentlich der Kahlgrund durch den 30jährigen Krieg und die in seinem Gefolge einbrechende Pest in einer Weise verödet worden, dass an vielen Orten nur einzelne Bewohner übrig blieben und sich fremde Familien z. B. italienische, graubündtische in ihnen ansiedelten. Auch später, namentlich als an verschiedenen Punkten, auch des innern Spessarts, Glasfabriken in grösserer Zahl entstanden, wie in Weibersbrunn, in Jacobsthal, sollen fremde Arbeiter z. B. aus Böhmen in's Land gezogen sein, aus deren Vermischung mit den Eingebornen ein wahrscheinlich rüstigerer Schlag hervorging.

Alle diese Ortschaften waren für sich ziemlich abgeschlossen und vereinzelt, und noch heut zu Tage, wo mehrere grössere, gutgebaute Strassen den Spessart durchziehen, ist die Verbindung, zumal zur Winterszeit eine sehr unvollkommene. Fahrbare Strassen verbinden nicht alle Dörfer mit einander oder sie führen nur auf grossen Umwegen von einem zum andern; selbst der Kahl-Grund, obwohl dicht bevölkert, entbehrt noch guter Wege und es fehlt jede Spur einer Postverbindung. Die eigentlichen Spessartorte liegen gewöhnlich in einer Lichtung des Waldes in einem mehr oder weniger tiefen Kessel- oder Längsthale. Ringsum ziehen sich bewaldete Höhen, unter denen das magere Ackerland beginnt, welches die Abhänge einnimmt und sich bis an die in der Thalsohle den durchfliessenden Bach umgebenden Wiesen forterstreckt. Die Häuser selbst sind gewöhnlich mit der hinteren Wand an den Abhang gelehnt, so dass nach vorn ein hohes steinernes Fundament nöthig wird, welches den Keller- und häufig den Stallraum zu umschliessen pflegt. In den Keller gelangt man daher immer von aussen her durch eine sich vorn auf ebener Erde öffnende Thür, die vom drüber gelegenen Zimmer aus durch einen inneren Fallriegel geschlossen wird. Die hintere Wand des Hauses, welche meist unmittelbar auf den Erdboden stösst und hinter der sich bei vielen Wohnungen die herabströmenden Wassermassen, Schnee etc. aufhäufen, ist daher meist sehr feucht und wir haben sie häufig von dichten Schimmel-Lagen überzogen gesehen. Nur der Fussboden, der fast überall gedielt ist, pflegt trocken und relativ warm zu sein. Jede Markung ist verhältnissmässig klein zu den im Ganzen grossen und volkreichen Dörfern, und es hat eine ungünstige Verkleinerung des Grundbesitzes durch fortgehende Zerstückelung der Grundstücke stattgefunden. Hr. Escherich hat dieses Verhältniss schon in einer statistischen Arbeit über den Spessart, welche zuerst in der Zeitschr. d. Vereins für deutsche Statistik im Jahr 1848, und dann in der Neuen Würzburger Zeitung vom 19. Febr. d. J. (Nr. 50) abgedruckt worden ist, nachgewiesen und gezeigt, dass durchschnittlich und selbst mit Zuziehung der wenigen Gütercomplexe ein Grundstück nur die Grösse von 0.70 Tagwerk misst, während 6.67 Tagewerke im Durchschnitte eine Familie ernähren sollten. Da nun, wie wir gezeigt haben, auch jedes Haus verhältnissmässig zu klein ist für die Masse der Bewohner, so kann wohl kein Zweifel darüber sein, dass wir im Spessart **eine ausserordentlich dichte Bevölkerung mit einem verhältnissmässig zu geringen Grundbesitz** vor uns haben.

Zum Theil aus diesem Grunde erklärt sich wohl die grosse Ungebundenheit des socialen Lebens, welches nicht selten zur äussersten geschlechtlichen Immoralität und zu einer vollständigen Auflösung des Familien-Verbandes führt.

Nach den amtlichen Angaben, die mir leider nicht über das Jahr 1840 hinaus zu Gebote stehen, berechnet sich das Verhältniss der lebenden **unehelichen zu den ehelichen** Kindern (unter 14 Jahren) folgendermassen: Es kamen auf 1 uneheliches Kind unter 14 Jahren eheliche *)

---

*) Im Jahre 18^{43}/$_{44}$ fand sich folgendes Verhältniss der Geburten:
In ganz Bayern 147366 Geburten, davon 118351 ehelich, 29015 unehelich.
„ Unterfranken 16993 „ „ 14123 „ 2870 „
Daraus ergibt sich das Verhältniss der unehelich Gebornen zu den ehelich Gebornen
in Bayern = 1 : 4.07
„ Unterfranken = 1 : 4.92
und es betrugen die unehelichen Geburten
in Bayern 19.6 pCt. aller Geburten
„ Unterfranken 16.8 „ „ „
Im Jahre 18^{40}/$_{41}$ waren die Verhältnisse ungünstiger:
in Bayern 156212 Geb., 123624 eheliche, 32588 uneheliche.
„ Unterfranken 19170 „ 15794 „ 3376 „
d. h. in Bayern Uneheliche : Eheliche = 1 : 3.78
„ Unterfranken „ „ = 1 : 4.70

in Unterfranken und Aschaffenburg 8.85
„ Rothenbuch 4.77
„ Orb 6.47
„ Lohr 9.38
„ Alzenau 10.16

Auch hier zeigt sich also für das Freigericht und den Kahl-Grund (Landger. Alzenau) ein sehr günstiges Verhältniss, während es für Rothenbuch und Orb höchst ungünstig ist, indem dort noch einmal so viel und hier $\frac{1}{3}$ mal mehr uneheliche Kinder als in ganz Unterfranken, wo doch diese Gegenden zugleich mit in Rechnung kommen, existirten. Leider sind diese Zahlen sehr ungenügend, da es vielmehr darauf ankommen würde, die Zahl der ehelichen und unehelichen Geburten mit einander zu vergleichen, oder doch wenigstens die Zahl aller lebenden Unehelichen im Vergleich zu der Gesammtkopfzahl zu kennen. Im Landger. Alzenau rechnet man gegenwärtig 1 Unehelichen auf 18 Lebende, und bei der letzten Conscription zählte Hr. Schmidt aus dem Landger. Lohr auf 5 Eheliche 1 Unehelichen, was ein ganz anderes Resultat, als das oben angeführte ergeben würde.

In der That lässt sich die auffallende Zahl für Lohr aus den amtlichen Tabellen in einer anderen Weise motiviren. Wenn man nämlich die Zunahme der Bevölkerung und die **Zunahme der Familien (Ehen)** in dem Zeitraum von 1840—49 berechnet, so stellt sich Folgendes heraus:

A. Bevölkerung:

	1840	1849	
Unterfranken und Aschaff.	579279	587402	= 100 : 101
Rothenbuch	11910	12774	107
Orb	12570	11786	93
Lohr	11644	11484	98
Alzenau	16422	16812	102

Dies Verhältniss muss sich natürlich später ändern wegen der grösseren Mortalität der unehelichen Kinder. Diese wurden im Jahr $18^{40}/_{41}$ in Unterfranken todtgeboren im Verhältniss zu den ehelichen, wie 1 : 3.58 (mit andern Worten, es wurden todtgeboren 3.08 pCt. der Unehelichen und nur 2.58 der Ehelichen) und starben bis zum 14. Jahre in dem Verhältniss von 1 : 4.25.

B. Familien.

	1840	1849	
Unterfranken und Aschaff.	125540	130397	= 100 : 103
Rothenbuch	2343	2738	116
Orb	2585	2797	108
Lohr	2760	2678	97
Alzenau	3342	3470	103

Während also Orb und Lohr eine Abnahme der Bevölkerung, Rothenbuch eine ziemlich bedeutende Zunahme, Alzenau nahezu das Mittel der allgemeinen Zunahme von Unterfranken darbieten, sehen wir allein bei Lohr eine gleichzeitige Abnahme der Familienzahl und zwar in einem noch grösseren Verhältniss, als die Abnahme der Bevölkerung zeigte, während Alzenau genau in dem mittlern Verhältniss von Unterfranken, Rothenbuch in einem weit bedeutenderen und Orb trotz der Bevölkerungsabnahme doch in einem gleichfalls bedeutenden Grade eine Steigerung der Familienzahl erfuhr.

Indess scheint es mir nicht, dass diese Zahlen ein klares Bild des sexuellen Lebens darstellen, sonst müsste man annehmen, dass es früher überall noch weit schlimmer gewesen sei. Vergleicht man z. B. die Ergebnisse von 1827 mit denen von 1849, so zeigt sich Folgendes:

A. Bevölkerung.

	1827	1849	
Unterfranken und Aschaff.	542475	587402	= 100 : 108
Rothenbuch	11036	12774	115
Orb	7827	11786	150
Lohr	12268	11484	93

Alzenau (hatte 1827 einen andern Bezirk).

B. Familien.

	1827	1849	
Unterfranken und Aschaff.	114100	130397	= 100 : 114
Rothenbuch	2159	2738	126
Orb	1474	2797	189
Lohr	2343	2678	114

Wollte man dieses allgemeine und im Verhältniss zu den Kopfzahlen ungleich bedeutende Steigen der Familienzahlen als Maassstab der zunehmenden Sittlichkeit im Geschlechtsleben auffassen, so würde, wie gesagt, der Rückschluss auf frühere Zustände wohl zu ungünstig ausfallen. Es möchte daher in diesem Punkte wohl eine grössere Zurückhaltung zweckmässig sein, und es möchte namentlich die Frage zu erörtern sein, ob nicht ein frühzeitigeres und daher auch leichtsinnigeres Schliessen von Ehen mit der Zunahme der Bevölkerung und der grösseren Dichtigkeit derselben hervortrete. Sollte sich diese Möglichkeit, über welche die uns für jetzt vorliegenden Zahlen keinen Aufschluss geben, bestätigen, so würde sie eben nur ein Beweis für das frühzeitigere Erwachen des Geschlechtstriebes und für zunehmenden Leichtsinn im Punkte der Ehe sein, und während die Beschreibung, welche Tacitus von der germanischen Jugend gibt, recht wohl auf die Spessarter anzuwenden ist: in omni domo nudi ac sordidi excrescunt, inter eadem pecora, in eadem humo degunt, so würde doch in Beziehung auf Geschlechtsreife und eheliche Ungebundenheit die grösste Verschiedenheit hervortreten.

Die Beispiele, welche uns fast in jedem Orte von der Ausdehnung sexueller Immoralität entgegentraten, waren zum Theil im höchsten Maasse abstossend. Wittwen sowohl, als ledige Frauenzimmer mit 3, 4 und mehr unehelichen Kindern und zwar so, dass gleichzeitig Mutter und Tochter in dieser Weise producirten, gehörten nicht zu den Seltenheiten. Das Aeusserste, was wir erfuhren, war die Erzählung, welche uns ein Gemeinde-Vorstand von einem Manne mittheilte, der im öffentlichen Wirthshause von einem seiner Brüder gesagt hatte, er sei eigentlich sein Schwager, weil er (der Bruder) ihre Schwester beschlafen habe, und von einem anderen Bruder, derselbe sei auch sein Schwager, weil sie Beide dasselbe Mädchen gebraucht hätten.

Zustände dieser Art finden, wie schon gesagt, ihre theilweise Erklärung in der Enge und Uebervölkerung der Wohnungen. Wenn es fast Regel ist, dass alle Bewohner eines Hauses in demselben Raum schlafen oder höchstens in zwei dicht zusammenstossenden, dass in jedem Bette 2 — 3 Personen liegen, dass z. B. Knaben und Jünglinge mit der Tante in demselben Bette schlafen, Kinder zweier Familien durcheinander gebettet sind, dass die Jungen die geschlechtlichen Genüsse der Alten unmittelbar vor Augen haben, so ist es nicht zu verwundern, dass der Sinn für geschlechtliche Erregungen früh geweckt und bei günstiger Gelegenheit früh zur Aeusserung gebracht wird. Kömmt dazu eine gewisse moralische Schlaffheit, Gleichgültigkeit gegen ein überdiess nicht strenges öffentliches Urtheil, Häufigkeit des Beispieles, so ist es gewiss nicht zu verwundern, wenn frühzeitige und zahlreiche Vermischungen stattfinden und eine verhältnissmässig grosse, ja zum Theil überraschende Zunahme der Population stattfindet. Es ist nicht nöthig, dann noch ein besonderes Erregungsmittel in dem exclusiven Kartoffelgenuss zu suchen, obwohl sich solche directeren Reizmittel der Geschlechts-Erregung nicht abweisen lassen. Allein es darf wohl nicht verschwiegen werden, dass der niedrige Stand der öffentlichen Meinung, die allgemeine Gleichgültigkeit und Indolenz, der Mangel an Erziehung und sittlicher Gewöhnung angeklagt werden müssen als die wichtigsten Beförderungsmittel solcher Zustände. Diese selben Zustände in einer ebenso indolenten, ebenso unerzogenen, ebenso armen, ebenso dicht gedrängt lebenden, ebenso an Kartoffeln und Branntwein gewöhnten Bevölkerung habe ich in Oberschlesien aufgewiesen (Archiv S. 306). Dieselben finden sich in Irland wieder vor, und ich hatte daher in meiner Darstellung der oberschlesischen Zustände die seitdem sehr häufig und noch in der allerneuesten Zeit zum Ausgangspunkte der gehässigsten Angriffe gewordene Frage aufgeworfen, ob die katholische Hierarchie, welche in allen diesen Ländern so mächtig und einflussreich ist, nicht hätte im Stande sein sollen, die Völker durch Unterricht zu Bildung, Wohlstand und Sittlichkeit zu bringen.

Der Spessart gehörte seit 8 — 9 Jahrhunderten zu dem geistlichen Churfürstenthum Mainz. Seine gegenwärtigen Zustände datiren nicht von heute, so wenig wie die Hungersnoth und die Typhen, die im gegenwärtigen Augenblicke ein anderes vormalig churmainzisches Gebiet zum Gegenstande der öffentlichen Wohlthätigkeit gemacht haben, zum ersten Male in der Geschichte erschienen sind. Auch im Eichsfelde sind dies nur Wiederholungen früheren Elends, wie die Darstellungen von Jagemann (Circa annos 1770—72 liber epidemiorum de acuta passim epidemica febre. Erford. 1772) und Arand (Abh. von drei Krankheiten unter dem Volke im Jahre 1771 und 72. Gött. 1773), sowie die grosse Hunger-Literatur, welche die damalige churmainzische Universität Erfurt zu Tage gefördert hat, beweisen. Qui pecunias habet, sagt Jagemann, aequale rebus pretium, frumentum haud difficulter sibi comparat. Mangel an Geld aber in einer ganzen Bevölkerung heisst — Mangel an zweckmässig geleiteter Thätigkeit, an productiver Beschäftigung, an Fleiss und Industrie. Hätte der Spessarter Geld, so würde er leicht Kartoffeln und noch viel leichter Brod haben kaufen können, denn in jedem Dorfe, das wir besuchten, hatten die Bäcker gutes und relativ billiges Brod. Es war also mehr eine Geldnoth, als eine Noth an Lebensmitteln in der Gegend, — und doch keine industriöse Bewegung, doch kein eigenes Streben nach Schaffen und Gewinn, — nur Indolenz und Ergebung! Gewiss steht es jedem gut an, bei dieser Noth hülfreich beizustehen und durch reichliche Zufuhr von Geld den localen Mangel zu decken, allein die öffentliche Wohlthätigkeit, auch wo sie mehr ist als Ostentation, kann nur die momentane krasse Noth lindern, nicht die dauernde und schleichende beseitigen. Gegen diese kann nur das Volk selbst ankämpfen durch seine eigene Thätigkeit und Rührigkeit, durch selbstständiges und selbstthätiges Wirken, und dies kann nachhaltig nur erregt und unterhalten werden durch Bildung, Unterricht und Erziehung. Wessen ist diese Aufgabe? wer erkennt sie an? wer erfüllt sie? Ich antworte darauf, wie in Oberschlesien: die katholische Hierarchie hätte es können, um so mehr als sie hier die Regierung selbst war; sie kann es noch jetzt, da sie den nächsten Einfluss auf die Schulen und auf die Gewissen hat. Der Staat kann es, wenn er die gesammte Leitung des Unterrichtes in seiner Hand hält. Ist es nicht möglich, hier einen andern Standpunkt der Cultur zu gewinnen, so wird jedes ungünstige Jahr ähnliche oder noch schlimmere Zustände zurückbringen. Das ist eine Meinung, welche die Geschichte, wie die unmittelbare Anschauung gewährleisten, eine Meinung, welche ohne Eifer und Zorn, ohne Parteirücksicht und ohne Parteifurcht gewonnen ist und ausgesprochen werden darf.

Die bayerische Regierung hat den Zuständen des Spessarts schon wiederholt die grösste Aufmerksamkeit zugewendet, und namentlich darf ein Protocoll, das im Jahre 1843 durch eine unter dem Vorsitze des Regierungs-Präsidenten Grafen Fugger-Glött constituirte Commission, zu der damals gleichfalls Hr. Koch gehörte, abgefasst wurde, wegen seiner Offenheit und Klarheit auf's rühmendste anerkannt werden. Es ist seitdem manche gute Strasse durch den Spessart gebaut, es ist in der geregelten Forstwirthschaft eine constante, aber freilich nicht zunehmende Quelle der Beschäftigung gewährleistet, es sind eine Menge grosser und directer Unterstützungen, namentlich durch König Ludwig, gegeben worden, allein die Natur der Bewohner ist dadurch nicht geändert.

Für einzelne Orte und Gegenden insbesondere ist die grösste Sorgfalt aufgewendet. So ist z. B. durch den Regierungs-Präsidenten Grafen Giech die Aufmerksamkeit auf die physisch und sittlich verwahrlosten Zustände von Orb gelenkt worden, und eine Reihe der schönsten Gebäude (Krankenhaus, Kleinkinder-Bewahranstalt, Schule, Saline etc.), sowie die grössere Reinlichkeit und Sauberkeit der ganzen Stadt gibt Zeugniss von den Bestrebungen, diesem abgelegenen Orte aufzuhelfen. Auch in Lohr, wo früher alle 7 Jahre Typhen in epidemischer Ausbreitung geherrscht haben sollen, sind nach der Aussage des Hrn. Gerichtsarztes Dr. Goy seit 15 Jahren durch eine Reihe hygienischer Anstalten (Abbrechen der Stadtmauern, Pflasterung der Strassen, Herrichtung von Abzugskanälen) die Gesundheitsverhältnisse ausserordentlich verbessert und die socialen Zustände erheblich gehoben. An vielen kleineren Orten sind einzelne steinerne Häuser, gleichsam als Modellhäuser, errichtet und den Leuten gegeben worden, um sie zu bestimmen, ihre elenden Wohnungen zu verbessern. Allein alle diese Anstalten haben auf die grosse Masse keinen Eindruck hervorgebracht. Die wenigen Arbeitsquellen, welche ihnen die Industrie eröffnet hatte, sind meist versiegt. Die Bergwerke, welche im Kahl-Grund bestanden, sind eingestellt, und die Glashütten, welche im Spessart errichtet waren, haben wieder aufgehört, nachdem die steigenden Holzpreise ihren Betrieb vertheuert hatten. So ist den Leuten Nichts geblieben, als die Gewöhnung an gewisse höhere Bedürfnisse. Während sie früher ihre Kleidung selbst bereiteten, sind sie jetzt an die Producte fremden Gewerbfleisses gewöhnt worden. Die alte Spessart-Tracht aus „Beidergemang", einem braunen Zeuge eigener Fabrik aus Naturwolle und Leinen, sahen wir nur bei einem einzigen Manne; selbst die Fussbekleidung, welche inmitten eines Wald-Districts so natürlich aus Holz sein könnte, ist überall durch lederne Schuhe ersetzt worden. Die bei einem solchen Klima zweckmässige ursprüngliche Tracht ist dem modernen, leichten, ebenso vergänglichen als unhaltbaren Stoffe gewichen; die Bedürfnisse sind gesteigert, während die Nahrungsquellen sich bei einer zunehmenden Bevölkerung proportional verminderten.

So ist es gekommen, dass die ganze Existenz dieser Bevölkerung zuletzt auf den Kartoffelbau gesetzt war. Lange Zeit hatte man sich der schönen Hoffnung hingegeben, dass diese wohlthätige Pflanze für immer alle Gefahr der Hungersnoth beseitigt habe, und dass Zustände, wie sie während der grossen Noth der Jahre 1770—72 über die halbe Erde herrschten, nicht wiederkehren würden. Trügerische Hoffnung! Die Kartoffelkrankheit hat alle Illusionen zerstreut und alle Gefahren zurückgeführt, welche das Menschengeschlecht überwunden zu haben gedacht hatte. Alle Freiheit und Leichtigkeit des Verkehres genügt nicht, um eine Bevölkerung vor Noth zu bewahren, welche sich nicht das Geld zu erwerben weiss, durch welches sie in den Besitz fremder Erndten gelangen kann. Schon der Misswachs des Getreides im Jahre 1846 brachte grosse Noth, aber sie war erträglicher, weil die Kartoffeln noch zutrugen, und obwohl auch das Jahr 1847 nicht günstig für die Kornerndte war, so gerieth doch das Obst in einem ungewöhnlichen Maasse. Erst die kalte und nasse Witterung des vorigen Jahres brachte die volle Noth. Die Kartoffeln missriethen so vollständig, dass an manchen Orten es nicht der Mühe werth zu sein schien, sie auszunehmen, und die anhaltenden Regen machten es Vielen unmöglich, das Getreide einzubringen, was überdies kümmerlich gereift war. Hagelschäden hatten einen Theil schon vor der Zeit verdorben, und die Regen des Herbstes zerstörten sogar das Heu, welches die einzige Möglichkeit für die Erhaltung des an sich nicht grossen Rindviehstandes enthielt. Die Schweine, der grösste Reichthum des Spessarters und seine

Haupteinnahme-Quelle, mussten frühzeitig verkauft werden, als die Kartoffel-Ernte nicht einmal den Menschen Nahrung sicherte, und selbst in relativ wohlhabenden Dörfern, z. B. in Heinrichsthal, wo wir noch Leute beim Dreschen von Sommerroggen beschäftigt fanden, war der gewöhnliche Winterstand der Schweine von 150 auf 17 herabgesunken.

In den ärmeren Dörfern und namentlich in den ärmeren Haushaltungen war daher der Vorrath früh erschöpft. Dasjenige, was zur nächsten Aussaat an Kartoffeln und Korn zurückgelegt war, musste angegriffen werden, und schon jetzt hat sich herausgestellt, dass sehr grosse Summen nöthig sein werden, um nur diesen unumgänglichen Bedarf zu decken. Allein auch damit war Vielen nicht geholfen. Die Noth der Aussenarbeiter, denen es an Arbeit fehlte, übertrug sich auf die Handwerker, welche ohne Aussicht auf Bezahlung arbeiteten, und die wenigen vermöglichen Gemeindeglieder glaubten die Last nicht übernehmen zu dürfen, für die grosse Menge der Mittellosen die Darlehen des Districtes oder des Staates anzurufen. Diese Schwierigkeit bestand auch dann noch, als die Kreisregierung und die Hülfs-Comité's mit humanem Eifer die Unterstützungen in's Leben zu rufen begannen, und manche wohlthätige Einrichtung ist dadurch verzögert, dass die Gemeinde-Ausschüsse und Vorstände es scheuten, Mittel zu acceptiren, für deren theilweise Zurückerstattung sie verantwortlich sein sollten. Die Regierung ihrerseits hatte eine andere Schwierigkeit, welche hier zum ersten Male deutlich hervortrat, nämlich den Mangel an Getreide-Vorräthen. Während in früheren Jahren die Aufspeicherung der zahlreichen Natural-Abgaben stets die Mittel gewährt hatte, die Preise zu reguliren oder auch unmittelbar Vertheilungen zu bewilligen, so war durch die Ablösungsgesetze, welche das Jahr 1848 hervorgerufen hatte, diese Quelle versiegt, und die Vorsicht der Gemeinden war noch nicht auf einen Punkt gelenkt worden, der für arme Gegenden gewiss noch auf lange Zeit die ernsteste Beachtung verdienen wird. Ich habe die Frage der Vorrathshäuser schon bei der Oberschlesischen Noth angeregt (Archiv S. 319), und die verflossenen Jahre haben gezeigt, dass ich sie nicht von einem falschen Gesichtspunkte aus behandelt hatte.

Die Noth hatte die an sich dürftige und einseitige Nahrung allmälig zu den einfachsten Formen heruntergebracht. Fleisch, an sich kein gewöhnliches Nahrungsmittel, hatte bei den Meisten aufgehört; Butter gab es fast gar nicht, Milch sehr selten. Brod konnten nur Wenige aus eigenen Vorräthen noch backen, da selbst das Haidekorn erschöpft war, und fast überall, wo wir Brod sahen, war es von den Bäckern gekauft oder geborgt, dann aber von bester Qualität. Einzelne hatten nur Mehl, aus dem sie unschmackhafte und kraftlose Suppen bereiteten. Einzelne besassen noch Erbsen, Linsen oder Bohnen, gewiss die beste Kost unter solchen Verhältnissen, allein diese waren so wenig angebaut, dass es mehr Ausnahmen zu sein schienen. Manche gebrauchten getrocknete und geröstete Gerste oder zerschnittene und gedörrte Rüben, und bereiteten daraus einen Aufguss, der als Kaffee getrunken und dessen Satz später als Mahlzeit verspeist wurde. Die, welche noch mehr Mittel besassen, vermischten dies Fabricat wohl mit wirklichen Kaffeebohnen. Die Kartoffeln, welche krank aus der Erde genommen waren, hatten glücklicherweise im Keller keine weitere Zerstörung erfahren; es war mehr ein trockener und daher begrenzter Brand. Allein an manchen Orten waren sie unvollkommen ausgebildet, äusserst klein und wenig mehlhaltig, und Manche suchten jetzt mühsam die Knollen von den Aeckern, die im Herbst vergessen oder absichtlich zurückgelassen worden waren. Relativ reichlich und daher viel gebraucht war das Kraut (Sauerkohl) und nächst ihm die Rüben.

Mochten nun auch Viele fast aller dieser kümmerlichen Genüsse beraubt sein, so sahen wir doch keine eigentlichen Surrogate. Alle die aufgezählten Sachen, so seltsam manche von ihnen erscheinen mögen und so fremdartig sie einer sonst wohlhäbigen Bevölkerung anstehen würden, liegen doch in dem gewohnten Kreis der Spessart-Nahrung. Die Leute sind daran gewöhnt, und soweit wir durch eigene Anschauung dringen konnten, so fanden wir doch keine Surrogate, die nicht in dem gewöhnlichen Leben der Spessarter schon vorgeschrieben gewesen wären. Manches Gerücht kam uns von seltsamen Genüssen zu Ohren, allein keines konnte constatirt werden, so häufig und sorgfältig auch unsere Nachforschungen waren. Das Volk hungerte lieber, als dass es die Ersatzmittel aufsuchte, welche bei Menschen, die plötzlich und schnell in solche Noth gerathen, so gewöhnlich sind. Allein es muss auch gesagt werden, dass nirgends die Noth eine solche Höhe erreicht hatte, dass, wie es seiner Zeit in Oberschlesien war, wirklich Todesfälle durch Verhungern eingetreten wären, und die Hülfe kam noch zeitig genug, um auch die am meisten Leidenden wieder zu stärken.

Am härtesten litten natürlich die wirklich Kranken, welche entweder durch frische Unfälle getroffen, oder schon einem längeren Krankenlager verfallen waren. Hier zeigte sich die Hülflosigkeit und Verlassenheit um so kläglicher, als die Spessarter überhaupt wenig geneigt sind, Hülfe zu suchen, und insbesondere den Beistand des Arztes fast nur ausnahmsweise und dann oft genug nur mittelbar in Anspruch nehmen. Es ist fast ein Glück, dass sie, nachdem sie einmal von dem Arzte absehen, auch nach andern Seiten weniger pfuschen und quacksalbern, als es sonst auf dem Lande gebräuchlich ist; höchstens dass sie ihr Geld, zuweilen ihr letztes, zu Messen für die Kranken aufwenden. So haben wir ein Paar Fälle typhöser Natur gesehen, die bei einem so exspectativen Verfahren, wie es die moderne diagnostische Schule nur immer wünschen könnte, bei blossem Genuss von frischem Quellwasser, in Reconvalescenz, freilich etwas spät, eingetreten waren.

Im Allgemeinen war der Krankenstand ein äusserst geringfügiger, wenn auch nicht gerade gesagt sein soll, dass der Gesundheitszustand ein durchaus befriedigender gewesen wäre. Ueberall klagten die Aerzte über eine ungewöhnliche Verminderung ihrer an sich nicht sehr ausgedehnten Beschäftigung, und obwohl wir selbst in den Dörfern, die wir besuchten, uns bemühten, persönlich durch Hausvisitationen die Krankenzahl zu constatiren, so war doch auch unser Resultat ein ziemlich übereinstimmendes.

An keinem Theile des Spessarts konnten wir endemische Krankheiten in irgend welcher grösseren Verbreitung auffinden. Wechselfieber kommen, wie es scheint, nirgends vor, selbst nicht in den Orten des Kahl-Grundes, die, wie Schöllkrippen, auf und an einem ziemlich feuchten Wiesengrund gelegen sind. Auch die Kröpfe werden in dem Maasse seltener, als man sich von Franken her in den Spessart begibt, und man sieht sie erst wieder gegen Westen hin, wo der continuirliche Ueberzug des bunten Sandsteines nachzulassen beginnt. Auch die Tuberkulose und Phthise ist im Spessart relativ selten, denn obwohl wir gerade die chronischen Kranken absichtlich immer aufgesucht haben, so haben wir doch in grossen Dörfern nur einzelne Fälle, insbesondere von Lungenphthise, aufgefunden. Auch die Sterbe-Register zeigen nur selten die Rubrik Schwindsucht oder Abzehrung. Wenn daher auch die Entwicklung der Phthise in diesen Gegenden nicht in Abrede gestellt werden kann, so scheint es doch, dass die überwiegend im Walde, auf dem Felde, kurz in freier Luft geschehenden Arbeiten, das geringe Gebundensein an die engen, schlechten Wohnungen die Eingebornen im Allgemeinen vor der phthisischen Praedisposition bewahrt habe. Fände sich diese letztere häufiger, so würde wahrscheinlich das rauhe Klima die Entwicklung der Krankheit leicht befördern. Eingewanderte, welche die Krankheit selbst oder die Anlage dazu mitbringen, haben viel zu leiden: die rauhe Luft, die jähen Wechsel der Temperatur und der atmosphärischen Feuchtigkeit, die häufigen Stürme und Gewitter, die hohe Elevation des Landes sind lauter ungünstige Momente für sie. Andere Brustaffectionen sind sonst freilich keine Seltenheit bei den Eingebornen. Pneumonische und bronchitische Erkrankungen aller Art sind in gewissen Zeiten relativ häufig, und auch chronische Bronchialkatarrhe, insbesondere bei älteren Leuten, trafen wir nicht so gar selten an, so dass auch hier die von mir in einer früheren Sitzung (vom

16. Febr. 1850. Verh. Bd. I. S. 82) erwähnte Aufstellung von Wells zuzutreffen schien, dass nämlich eine gewisse territoriale Exclusion der chronischen (tuberkulisirenden) und der acuten (entzündlichen) Lungenleiden bestehe. Interessant war es mir, zu sehen, dass neben diesen offenbar aus Erkältungen hervorgehenden Entzündungen der Respirationsorgane die eigentlichen acuten Rheumatismen sehr zurücktraten, wie wir denn im Ganzen nur einen einzigen Fall von ausgesprochenem Herzleiden, eine Stenose mit Insufficienz der Mitralklappe bei einem Manne in Königshofen (Kahlgrund) fanden *). Es war dies um so auffallender, als wir, besonders bei älteren Frauen, chronische, sog. gichtische Zustände der Gelenke, die mit teigigen Anschwellungen begannen und die ausgesprochensten Veränderungen der Knochenflächen hervorbrachten, häufig antrafen. Auch andere Knochenaffectionen wurden uns vielfach gezeigt, sowohl rhachitische Zustände bei Kindern, als cariöse Leiden bei Erwachsenen.

Was die Verhältnisse des Kretinismus und die verwandten Störungen betrifft, so werde ich darauf später zurückkommen, und will hier nur bemerken, dass sie im Innern des Spessarts kaum vorzukommen scheinen.

Eigenthümlich und vielleicht nicht ohne besonderen Zusammenhang ist es, dass sich an verschiedenen Punkten im Umfange des Spessarts sehr vollkommene Zwerge finden, und es dürfte nicht zufällig sein, dass in den Spessart-Sagen die Zwerge häufig erwähnt werden. Hr. Dr. Brönner von Lohr erzählte uns von einem durchaus verhältnissmässig ausgebildeten Zwergweibe in Rechtenbach, das auch geboren hat, und in Schimborn im Kahl-Grunde sahen wir selbst zwei Zwerge, welche vortreffliche Proportionen zeigten. Sie waren Geschwisterkinder **):

---

*) Spätere Berichte haben freilich eine etwas grössere Häufigkeit von Herzkrankheiten ergeben. So finde ich in dem Berichte des Hrn. Agatz, der in Hain stationirt war, 4 Fälle von chronischem Rheumatismus von Hain, Laufach und Heinrichsthal angeführt, worunter 1 Herzfehler; 7 Fälle von chronischem Katarrh der Respirationsorgane von Hain, Laufach und Heigenbrücken, worunter 2 Herzfehler; endlich auch 16 Fälle von Lungentuberkulose (5 von Hain, 3 von Wiesthal, je 2 von Laufach und Heinrichsthal, je 1 von Frohnhofen, Heigenbrücken, Habichtsthal, Jacobsthal).

**) Der mir später zugekommene Stammbaum zeigt folgendes Verhältniss:
Caspar Gumbel, Einwohner zu Glattbach, hatte einen Sohn Valentin, der sich mit Anna Maria Wiesel von Schimborn verheirathete und zwei Söhne erzeugte, von denen der ältere Johann Georg sich mit Eva Maria Rosenberger, Tochter des Johann Rosenberger von Schimborn, verheirathete und den Zwerg Georg Adam sowie später eine regelmässig entwickelte Tochter erzeugte, während der jüngere Johann Adam mit Maria Anna Rosenberger ausserehelich die Zwergin Anna Maria, und später in der Ehe eine normale

1) Georg Gumbel, 27½ Jahre alt, 31 Pfd. schwer, 100 Cent. hoch, horizontaler Umfang des (Schädels) Kopfes 57¼ Cent., Längsumfang 35 C., Querumfang 33 C.; durchaus gesund, sehr aufgeweckt.

2) Anna Maria Gumbel, 14 Jahre alt, 16½ Pfd. schwer, 77.5 C. hoch, Horizontalumfang des Kopfes 44.5 C., Längsumfang 30.5, Querumfang 30 C., sehr gracil, schwächlich und blass, etwas hydrocephalisch und stumpf. —

Auch die Beobachtung einer Paralysis agitans, die bei 3 Geschwistern in Gross-Blankenbach im Kahl-Grunde, jedoch ohne nachweisbare Erblichkeit, vorkam, möchte hier Erwähnung verdienen. Der Bruder, Peter Wissel, 33 Jahre alt, hatte die Affection nach einer Eclampsia infantilis bekommen. Er war ziemlich gross, sehr hager, hatte die Arme stark und relativ frei, dagegen befanden sich die unteren Extremitäten, die Augen und die Zunge in fortwährender Agitation, so dass er sie nur äusserst unsicher gebrauchen konnte. Er ging mit flectirten Beinen und gekrümmtem Rücken, indem er sich mit den Armen an anderen Gegenständen anhielt. Sein Sensorium war durchaus frei. Eine Schwester von ihm soll dagegen, nachdem sie diese Krankheit hatte, toll geworden sein; die andere hatte nur einfach an der Paralysis agitans gelitten. —

Eine grössere Aufmerksamkeit verdienen die typhösen Erkrankungen.

Die eigentlich medicinische Geschichte des Spessarts ist noch zu machen, und für mich ist es um so schwieriger, dieselbe herzustellen, als die Würzburger Archive für die früher churmainzischen Länder kein erhebliches Material darzubieten scheinen. Für Aschaffenburg finde ich erwähnt, dass 1398 die Pest daselbst wüthete, ganze Häuser ausstarben und dreimal die Todtengräber wechselten (Behlen und Merkel l. c. S. 17), und ebenso, dass sie 1607 herrschte (S. 20). Zahlreichere Angaben stehen in den „Sagen des Spessarts" von Adalb. v. Herrlein (Aschaff. 1851). Kreuz-Wertheim wurde vom schwarzen Tod so entvölkert, dass nur 8 Bewohner übrig blieben, welche alles Eigenthum unter sich theilten und fortan die Achtherren hiessen (S. 139). Eschau wurde im 30jährigen Kriege vom Hunger und der Pest heimgesucht, welche gleich ganze Haushaltungen hinwegraffte und erst aufhörte, als man mit Hülfe der Schweden einen neuen Brunnen gegraben hatte, der kein „Pestwasser" gab.

Tochter Maria Anna erzeugte. Es kann daher die Ableitung der erblichen Zwerghaftigkeit auch vielleicht auf die Familie Rosenberger zurückführen. — Uebrigens haben die beiden Kleinen eben eine industrielle Expedition begonnen und sich eine Zeitlang in Würzburg auf der Messe sehen lassen.

In Sommerau wurden nur 3 Häuser verschont, und von den Unterthanen des Grafen von Erbach in Fürstenau blieb nur ein halbes Dutzend übrig (S. 215). Aehnlich war es in Klingenberg, wo von 32 jungen Leuten, die sich jeden Morgen an einer Quelle vor dem Städtchen versammelten, nur 2 am Leben blieben (S. 254). Orb wurde im Jahre 1634 von den Schweden und dem Hunger, im nächsten von der Pest heimgesucht, so dass die Stadt bis auf 10 Familien und den Pfarreiverweser ausstarb, der Kirchhof nicht ausreichte und die Leichen haufenweise auf dem „Pestacker" begraben werden mussten (S. 90). In Damm erschien die Pest schon im September 1606 mit einer Heftigkeit, dass in 4 Wochen 350 Personen starben und nur etwa 100 übrig blieben. In anderen Theilen des Spessarts werden die Jahre 1605—1608, 1625, 1660 und 1668 als schlimme Pestjahre bezeichnet. Eichenberg starb bis auf einen Mann aus, in Hösbach blieben 5, in Wenighösbach 3 Personen übrig, in Laufach ein Bursch und ein Mädchen. Der Kahl-Grund wurde fast ganz verödet: von Schimborn blieb nur ein Mann übrig, der Kriegsdienste genommen hatte, ebenso von Dörnsteinbach; Krombach wurde durch fremde Ansiedler wieder aufgebaut. In Hörstein starben 1625 täglich 19 und in wenigen Wochen 400 Personen. Streit starb ganz, Ober-Schippach bis auf eine Person aus. In Erlenbach herrschte die Pest 1624, 1625 und 1632, und im letzten Jahre noch so stark, dass 125 Personen zu Grunde gingen (S. 263—268).

Die Universitäts-Bibliothek besitzt für diese Jahre noch manche interessante Manuscripte und gedruckte Verordnungen, aus denen die Verbreitung der Seuche über fränkisches Gebiet hervorgeht. Ich werde ein anderes Mal darauf zurückkommen. Hier möge es genügen, gezeigt zu haben, wie grosse Verluste dieser Bezirk schon damals erfahren hat. Für die spätere Zeit fehlen die Anhaltspunkte fast ganz. Mit Ausnahme des Jahres 1727, wo zu Bischbrunn (jetz. Landger. Rothenbuch) bei Rothenfels eine Febris maligna herrschte, haben wir erst für das Jahr 1743, wo wiederum englische Krieger ihre Fahnen bis zu dem alten Castell der britannischen Legion trugen, und die Schlacht von Dettingen im Freigericht geschlagen wurde, Nachrichten in der berühmten Schrift des englischen Oberarztes Sir John Pringle (Observations on the diseases of the Army), welche in der letzten Zeit für die Geschichte des sog. Cerebrospinal-Typhus von Bedeutung geworden ist. Allein der Krieg bewegte sich nur in der Main-Ebene, und das Bergland mag damals von Leiden befreit geblieben sein.

Ueber die epidemischen Verhältnisse der Zeit vom Anfange unseres Jahrhunderts bis zum Jahre 1820 finde ich zahlreiche, sehr werthvolle Angaben in den Schriften des verstorbenen Dr. Joh. Jod. Reuss von

Aschaffenburg, insbesondere in seinem grossen Werke über das Wesen der Exantheme (3 Bde. 1814—1818). Ueber das Vorkommen von Pocken, Rötheln und Scharlach, welche er aus den Jahren 1800—1801, 1806, 1808, 1812—1816 und 1819 beschreibt (I. S. 14. II. S. 9. III. S. 15. Hufeland's Journ. 1817. Bd. 45. St. II. S. 18.— 1824. Bd. 58. St. III. S. 74), möge hier nur das Erwähnung finden, dass er mit ziemlicher Genauigkeit die Art ihrer Einschleppung zu zeigen suchte, und dass eine höchst gefährliche Scharlach-Epidemie vom Jahre 1812, die allein in Aschaffenburg 64 Menschen tödtete und sich auch in den Spessart verbreitete, darunter ist. Eine grössere Aufmerksamkeit verdienen aber die typhösen Erkrankungen, von denen namentlich der Kriegstyphus von 1813 oder, wie Reuss ihn sehr zweckmässig nennt, das Fleckfieber, eine äusserst sorgfältige Bearbeitung gefunden hat. Es sind überall treffliche Witterungsbeobachtungen damit verbunden, und es darf daher um so mehr bedauert werden, dass durch eine zum Theil sehr unfruchtbare Polemik und durch eine strenge Scheidung zwischen dem Fleck-, dem Nerven- und gewissen rheumatischen Fiebern eine heutigen Tages nicht unbedeutende Schwierigkeit gesetzt worden ist.

Schon in der letzten Hälfte des November 1811, nach einem seit dem März anhaltenden warmen, trockenen und gleichförmigen Wetter brach in einem begränzten Bezirke der Altstadt Aschaffenburg ein epidemisches Fieber aus, das erst im März 1812 erlosch. Reuss erklärt es für wesentlich rheumatisch, (an einem späteren Orte für eine Entzündung im Gangliensystem. Hufeland's Journ. Bd. 58. St. III. S. 71) und schildert 3 Formen desselben, eine entzündlich-rheumatische, eine als Synochus gastricus mit Tendenz zum Typhus abdominalis, und eine als Typhus abdominalis oder Febris nervosa epigastrica seu praecordialis. Wegen dieser letzten Form wurde das Fieber allgemein für ein eigentliches Nervenfieber gehalten und von den meisten Aerzten als solches behandelt. Gleichzeitig grassirte die Ruhr und in Heidelberg ein epidemisches Kindbetterinnen-Fieber. (I. S. 56. 266—274. II. S. 14.)

Darnach kamen mehr entzündliche Krankheiten, allein im Juni und Juli 1812, wo die Witterung sehr rauh und kalt war, beobachtete Reuss bei mehreren Subjecten „ein idiopathisches Nervenfieber, den eigentlichen Hirnbrand". Gegen den 10. März 1813 sammelte sich um Aschaffenburg eine französische Militair-Division, die viele Kranke mit Brustentzündungen, mit intermittirenden Fiebern, mit gastrischen Zufällen, und dann besonders viele mit „dem eigentlichen Hirnbrande, welcher unter der Form des Heimweh zum Vorschein kam", brachte. Nur bei Einem war es zweifelhaft, ob nicht Typhus contagiosus zugegen war (I. 58. 96). Den ersten Fleckfieber-Kranken entdeckte Reuss am 31. März 1813 in Seligenstadt in der Person des dasigen Arztes Braun, der von französischen Militär-Personen, die aus Polen auf dem Maine zurückkehrten, angesteckt wurde und starb. Von dieser Zeit an grassirte dort das Fleckfieber bis zum Spätjahre. In Bischbrunn starb eine ganze Familie aus, zu der ein in Ostpreussen erkrankter Sohn aus dem Heere zurückkehrte (I. S. 60). Im April entwickelte sich die Krankheit, gleichfalls durch Ansteckung auf dem Main vorüberfahrender Soldaten, in Niedernberg; es erkrankten 60—70, von denen jedoch nur 6 starben, und die Epidemie schwand in 4 Wochen; allein im folgenden Spätjahre kehrte sie durch neue Ansteckung zurück, und befiel pestartig alle noch übrig Gebliebenen (I. S. 87—95).

Schon Ende März hatte Reuss zu Schmerlenbach ein Militair-Lazareth organisirt, welches seinen ersten Transport nach der Schlacht von Lützen (23. Mai) empfing und in welchem von dieser Zeit an das Fleckfieber die herrschende Krankheit war. Indess war die Mortalität gering, da vom 19. März bis 25. October in Allem nur 70 starben. Zweimal wurde die Contagion beinahe gänzlich erstickt, als jedesmal die Anzahl dieser Kranken durch neue Ankömmlinge wieder beträchtlich vermehrt wurde. Zu Ende des Monats September, wo nur noch wenige Reconvalescenten im Lazareth waren, wurde ein frischer und zwar der stärkste Transport dieser Art Kranker in einem so erbärmlichen Zustande dahin gebracht, dass von nun an die Contagion sich in der ganzen Gegend verbreitete, wozu insbesondere die jetzt eintretende und bis zum November anhaltende schwüle, feuchte und stürmische Witterung beitrug. Auch sah man sich genöthigt, einen Theil der erkrankten Soldaten in die Dörfer zu verlegen, wo sie mit den Einwohnern zusammen ihren Aufenthalt in Stuben erhielten, die aus Gewohnheit, der schwülen Witterung ungeachtet, „noch mit Ofenhitze übermässig erwärmt wurden". Am Anfange Novembers lagen in einigen der benachbarten Dörfer bereits über 100 Landleute krank, unter denen sich eine grosse Sterblichkeit einstellte. Nach und nach verbreitete sich die Krankheit so, dass mit Ende des Jahres im Departement Aschaffenburg nur noch wenige Ortschaften davon befreit geblieben waren. In einzelnen Districten erkrankte der grösste Theil der Einwohner, und die Sterblichkeit war verhältnissmässig sehr gross; in andern war die Zahl der Erkrankungs- und Todesfälle geringer. Mit Ende 1813 schien das Fleckfieber seine höchste Ausbreitung erreicht zu haben; im Januar war in den meisten Orten die Krankenzahl schon merklich geringer und nur in den Orten noch im Zunehmen, wo die Seuche sich später oder erst um diese Zeit entwickelte. Mit gewissen Schwankungen hielt sie sich so bis zum April 1814, wo sie in den meisten Orten vollständig erlosch. Am 10. August sah Reuss auf einer ganz isolirt gelegenen Mühle im tiefen Spessart die letzten Kranken dieser Art. Bei den neuen Truppenmärschen im Frühjahr 1815 kam kein neuer Ausbruch, nur im Spätjahre zeigte sich ein solcher in einem Orte des Odenwaldes und einem des Landgerichtes Ama. — Die Sterblichkeit an der Seuche war am grössten bei Leuten zwischen 50—70 Jahren. In Klein-Ostheim starben von 213 Fleckfieber-Kranken 13, in Dettingen von 82 Kranken 4, in Haibach von 160 Kranken 12 (I. S. 95—115. II. S. 16).

Ein kleineres Nachspiel dazu erfolgte im Jahre 1816—17 im Innern des Spessarts. Ein aus den Lazarethen von Mainz entlassener Soldat kehrte im Juni 1816 zu seiner Familie in Krommenthal zurück und erkrankte hier von Neuem. Bald folgten seine Angehörigen, dann andere Familien. Die Krankheit währte bis zum November, erlosch dann, kehrte im Januar des Hungerjahres 1817 wieder und grassirte bis zum April, wo sie auch in einem Krämershause zu Wiesthal, in dem die Leute viel verkehrten, ausbrach. Mit dem Frühjahr erlosch sie und brach erst im August von Neuem aus. Von 30 Familien des Orts blieben nur 10 — 12 verschont und von etlichen 40 Kranken starben 4. Reuss bezweifelt die Natur dieser Epidemie als Fleckfieber nicht, und hält sie identisch mit ähnlichen Erkrankungen, die vom März bis Juli 1817 in Mainaschaff, Gross-Ostheim, Gailbach, Haibach und Strassbechenbach vorgekommen waren und bei denen er gleichfalls eine Ableitung aus dem innern Spessart andeutet. Dabei ist beiläufig auch von einer epidemischen Ruhr im Spätjahre die Rede. (II. S. XXXI—LVIII. Hufeland's Journ. Bd. 58 St. III. S. 45.) An einem andern Orte erwähnt Reuss endlich noch aus dem Frühjahr 1817 eine gefährliche entzündliche Lungenaffektion, von der allein in der Pfarrei Hainbuchenthal bis 30 Menschen gestorben seien. (Hufeland's Journ. Bd. 45 St. II. S. 20.)

Am Ende des Jahres 1818 beschreibt Reuss wieder ein „epidemisch-rheumatisches Fieber, meistens mit einer entzündlichen Affektion der Gebilde des Gehirns und Rückenmarks," das auf dem Eisenwerke in Laufach herrschte, und ein anderes, vom Fleckfieber hauptsächlich durch den Mangel des Exanthems verschiedenes, das vom December 1818 bis Ende Juni 1819 in einer Hauptstrasse von Aschaffenburg fortbestand. Ernstlich erkrankten daran kaum mehr als 60 und es starben 8 — 9. (Hufeland's Journ. Bd. 58 St. III. S. 52 — 71). —

Aus den Jahren von 1819 — 42 sind uns keine specielleren Belege bekannt geworden; nachher jedoch sind typhöse Krankheiten zu wiederholten Malen in kleineren Epidemien aufgetreten und in sporadischen Fällen finden sie sich durch den ganzen Spessartbezirk fast zu allen Zeiten verbreitet. Ich will für zwei Dörfer die Auszüge, die ich selbst aus den

Sterberegistern der Pfarrer machte, hersetzen, weil daraus ziemlich bestimmte Anschauungen hervorgehen. Es starben zu:

Leidersbach (6 — 700 Einw.)			Weibersbrunn (957 Seelen).			
im Jahr		im Jan. und Febr.	im Jahr		im Jan. und Febr.	
1841	21	5	27	3	3 =	6
1842	10	2	31	1	3 =	4
1843	23	3	32	10	5 =	15
1844	22	14	23	3	1 =	4
1845	12	2	15	2	1 =	3
1846	17	5	12	1	0 =	1
1847	33	6	37	4	4 =	8
1848	24	11	22	2	3 =	5
1849	16	4	22	4	1 =	5
1850	14	2	14	1	0 =	1
1851	21	4	20	1	2 =	3
1852		10		1	1 =	2

Was zunächst in beiden Tabellen auffällt, ist die gleichmässige Steigerung der Mortalität in dem Nothjahre 1847, welches auf die schlechte Erndte von 1846 folgte, eine Mortalität, welche das Verhältniss der guten Jahre um das dreifache übersteigt. In Leidersbach machte sich der Einfluss der Noth erst relativ spät geltend und traf hier vorzugweise ältere Leute, denn von den 33, welche im ganzen Jahre starben, fällt fast $\frac{1}{3}$, nämlich 10 auf Novbr. und Decbr. und unter diesen waren 7 über 40 Jahre alt; von den 11, welche im Jan. und Febr. 1848 zu Grunde gingen, eine Zahl, welche die Verhältnisse der guten Jahre um das 3—4fache übersteigt, waren gleichfalls 6 über 40 Jahre, so dass also hier die auch sonst nachzuweisende, obwohl häufig angezweifelte grössere Betheiligung der höheren Lebensjahre hervortritt. Im Jahre 1844, wo in Leidersbach während der ersten beiden Monate 14 starben, eine ganz ungewöhnliche Zahl, waren darunter 11 Kinder, von denen das älteste $4\frac{3}{4}$ Jahr alt, und es war eine Krampf- (also wahrscheinlich Keuch-) Husten-Epidemie, an der sie zu Grunde gingen. Im Jahr 1847 dagegen, nach dem Misswachs des Getreides, waren unter den 6 im Jan. und Febr. gestorbenen 5, die an Schleim- oder Nervenfiebern (Typhus) gelitten hatten.

In Weibersbrunn herrschten Typhen während der Jahre 1842 — 44, wo namentlich in den beiden ersten Jahren die Mortalität das Maass des Nothjahres 1847 fast erreichte, und im Jahre 1843 war gerade im Januar das Sterben so gross, dass in den beiden ersten Monaten so viel begraben wurden, wie in guten Zeiten während des ganzen Jahres. — Dieselbe Epidemie von 18$\frac{42}{43}$ erreichte auch andre Ortschaften des Landger. Rothenbuch, insbesondre Rothenbuch selbst und Neuhütten.

Die letzte Epidemie von Typhus scheint die im Landgerichte Rothenfels gewesen zu sein. Nach einem Berichte des Dr. Herterich von Rothenfels bestand eine Typhus-Epidemie in Marienbrunn 18$\frac{46}{47}$ und es gingen seitdem die Erkrankungen, obwohl sie sporadisch vorkamen, nicht mehr ganz aus; so namentlich in Rothenfels, Bergrothenfels und Neustadt, wo sich seit Juli v. J. eine heftigere Form in der Art entwickelte, dass meist 2, 3, 4 Fälle gleichzeitig vorhanden waren. Nach der Aussage der Herren Dr. Goy und Brönner von Lohr bestand diese Epidemie bis in die ersten Monate dieses Jahres, in einer Ausdehnung, dass von etwa 600 Personen gegen 50 erkrankten. Der Ort liegt feucht und ist sehr quellenreich. Die Krankheit brachte hauptsächlich Kopf- und etwas Brusterscheinungen, zuweilen Exantheme, und war höchst contagiös. So wurde namentlich ein Fall erwähnt, wo eine Wöchnerin, deren Mann erkrankt war, befallen wurde, ihre Hebamme ansteckte, die dann wieder die Krankheit zu ihren Hausgenossen brachte. —

Von den noch übrigen Krankheiten ist zu erwähnen, dass Krebs im Ganzen sehr selten zu sein schien, ebenso sahen wir wenig Wassersuchten. Acute Exantheme kamen uns gar nicht vor; Syphilis relativ selten, Krätze und Kopfgrind sehr häufig. Von Entozoen, deren gewöhnliche Formen namentlich bei Kindern oft vorhanden sind, wäre ein freilich zweifelhafter Fall von Echinococcen der Leber bei einem 14jährigen Mädchen in Rothenbuch nennenswerth. Nicht selten sahen wir chronische Augenkrankheiten, namentlich staphylomatöse Degenerationen, die bei der Rauchatmosphäre der Leute leicht begreiflich erscheinen. —

An diesen Ueberblick der endemischen Constitution schliesse ich zunächst eine kurze Uebersicht der Mortalitäts-Statistik der besprochenen Bezirke. Dieselbe stützt sich auf die bei Gelegenheit der gegenwärtigen Noth durch das Ministerium angeordnete Berichterstattung der Landgerichte, welche wiederum aus den Todten-Listen der Pfarrer hervorgegangen ist. Leider ist bei dieser Gelegenheit nur die jedesmalige Durchschnittszahl der Sterblichkeit für die dreijährige Periode 1849—51 eingefordert und die Angaben über die Sterblichkeitsverhältnisse der einzelnen Jahre sind nur ausnahmsweise mit eingeliefert worden:

I. Landgericht Rothenbuch:

1. Bischbrunn	627	Einw.	15 Sterbefälle	= 2.3	pCt.
2. Habichtsthal	292	„	6 „	= 2.0	„
3. Hain	591	„	10 „	= 1.6	„
4. Heigenbrücken	685	„	15 „	= 2.1	„
5. Heimbuchenthal	747	„	20 „	= 2.6	„
6. Heinrichsthal	645	„	16 „	= 2.4	„
7. Hessenthal	411	„	6 „	= 1 4	„
8. Jacobsthal	261	„	5 „	= 1.9	„
9. Krausenbach	487	„	11 „	= 2.2	„
10. Kromenthal	205	„	5 „	= 2.4	„
11. Laufach	1588	„	31 „	= 1.9	„
12. Neudorf	652	„	13 „	= 1.9	„
13. Neuhütten	881	„	17 „	= 1.9	„
14. Rothenbuch	1134	„	29 „	= 2.5	„
15. Waldaschaff	1443	„	37 „	= 2.5	„
16. Weibersbrunn	960	„	19 „	= 1.9	„
17. Wiesthal	653	„	17 „	= 2.6	„
18. Wintersbach	718	„	18 „	= 2.5	„
	12980		290	= 2.2	

II. Landgericht Lohr:

1. Frammersbach	2213	Einw.	54 Sterbefälle	= 2.4	pCt.
2. Langenprozelten	1072	„	32 „	= 2.9	„
3. Lohr	3882	„	113 „	= 2.9	„
4. Neuendorf mit Nantenbach	268	„	$10\frac{2}{3}$ „	= 3.9	„
5. Partenstein	883	„	34 „	= 3.8	„
6. Rechtenbach	703	„	15 „	= 2.1	„
7. Rodenbach	424	„	10 „	= 2.3	„
8. Rupertshütten	578	„	15 „	= 2.3	„
9. Wiesen	930	„	25 „	= 2.6	„
10. Wombach	366	„	$5\frac{1}{3}$ „	= 1.4	„
	12202		348	= 2.8	

III. Landgericht Alzenau:

1. Albstadt	515	Einw.	9	Sterbefälle =	1.7	pCt.
2. Alzenau	1048	„	24	„ =	2.2	„
3. Gross-Blankenbach	184	„	11	„ =	5.9	„
4. Klein-Blankenbach	272	„	7	„ =	2.5	„
5. Daxberg	218	„	4	„ =	1.8	„
6. Dörnsteinbach	184	„	11	„ =	5.9	„
7. Edelbach	363	„	4	„ =	1.1	„
8. Geiselbach	647	„	14	„ =	2.1	„
9. Hemsbach	181	„	3	„ =	1.6	„
10. Hörstein	1200	„	87	„ =	7.2	„
11. Hofstetten	282	„	10	„ =	3.5	„
12. Huckelheim	573	„	20	„ =	3.4	„
13. Kälberau	289	„	7	„ =	2.4	„
14. Kahl am Main	588	„	48	„ =	8.1	„
15. Gross-Kahl	281	„	5	„ =	1.7	„
16. Klein-Kahl	224	„	12	„ =	5.4	„
17. Königshofen	441	„	11	„ =	2.4	„
18. Krombach	1039	„	30	„ =	2.8	„
19. Gross-Laudenbach	244	„	5	„ =	2.0	„
20. Klein-Laudenbach	166	„	2	„ =	1.2	„
21. Mensengesäss	276	„	10	„ =	3.9	„
22. Michelbach	806	„	14	„ =	1.7	„
23. Mömbris	1596	„	38	„ =	2.3	„
24. Niedersteinbach	201	„	11	„ =	5.4	„
25. Omersbach	326	„	9	„ =	2.7	„
26. Schimborn	472	„	15	„ =	3.1	„
27. Schneppenbach	430	„	13	„ =	3.0	„
28. Schöllkrippen	852	„	10	„ =	1.1	„
29. Sommerkahl	791	„	15	„ =	1.8	„
30. Wasserlos	673	„	11	„ =	1.6	„
31. Gross-Welmizheim	450	„	36	„ =	8.0	„
32. Ober-Western	429	„	12	„ =	2.7	„
33. Unter-Western	233	„	6	„ =	2.5	„
	16474		524	=	3.1	

IV. Landgericht Orb:

1. Alsberg mit Hausen	248	Einw.	4	Sterbefälle	=	1.6	pCt.
2. Aufenau	612	„	14	„	=	2.2	„
3. Aura	570	„	18	„	=	3.1	„
4. Burgjoss mit Deutelbach	390	„	7	„	=	1.6	„
5. Höchst	510	„	12	„	=	2.3	„
6. Cassel	1089	„	25	„	=	2.2	„
7. Lettgenbrunn mit Vilbach	287	„	5	„	=	1.7	„
8. Mernes	648	„	16	„	=	2.3	„
9. Mittelsinn	830	„	10	„	=	1.2	„
10. Neudorf	300	„	7	„	=	2.3	„
11. Oberndorf	631	„	15	„	=	2.3	„
12. Obersinn	839	„	23	„	=	2.7	„
13. Orb mit Friedrichsthal	5000	„	127	„	=	2.5	„
14. Pfaffenhausen	450	„	14	„	=	3.1	„
15. Wirtheim	985	„	25	„	=	2.5	„
	13389		322		=	2.4	

Berechnen wir die gewöhnliche Mortalitäts-Chiffre für die einzelnen Bezirke, so erhalten wir folgendes Resultat. Es starb im Landgericht

Rothenbuch 1 unter 47.7 Einwohnern
Orb „ „ 41.5 „
Lohr „ „ 35.0 „
Alzenau „ „ 31.4 „

Vergleichen wir diese Zahlen mit denen für ganz Bayern und Unterfranken, so können wir freilich keine für die entsprechenden Jahrgänge beibringen, da in der Statistik von Hermann die Sterblichkeits-Tabellen nur bis zum Jahre 1843/44 reichen. Indess möchten gerade die Zahlen für dieses letztere Jahr für die Vergleichung um so geeigneter sein, als die Mortalität in demselben geringer war, als in irgend einem anderen Jahre der Periode 1838—43. Es sind notirt für das Jahr 1843/44

3*

für Bayern 125382 Sterbefälle bei 4440327 Einwohnern
„ Unterfranken 14651 „ „ 587887 „ ;

daraus erhalten wir das Verhältniss der Gestorbenen zu der Bevölkerung

für Bayern = 1 : 35.4 oder 2.823 pCt.
„ Unterfranken = 1 : 40.1 „ 2.492 „

Für das Jahr 1843 betrug die Mortalitäts-Chiffre für

England 2.185 pCt.
Frankreich 2.361 „
Preussen 2.709 „

(Vgl. Med. Reform 1848. Nr. 7. S. 40).

Es zeigt sich daher, dass die Sterblichkeit in Unterfranken um fast 4 pM. geringer war, als in ganz Bayern, und dass von den Spessart-Bezirken zwei, Rothenbuch und Orb, ein noch günstigeres Verhältniss als Unterfranken darbieten, insbesondere der erstere, wo die Mortalität um 2 pM. geringer als in ganz Unterfranken war. Dagegen stand Lohr fast genau der Gesammt-Sterblichkeit im Königreiche gleich, während Alzenau eine um 3 pM. grössere Sterblichkeit als Bayern, und eine um 7 pM. grössere Sterblichkeit als Unterfranken hatte. Rothenbuch näherte sich in seinen Mortalitäts-Verhältnissen sehr den äusserst günstigen Erfahrungen von England, Orb und Unterfranken standen nahezu in dem Verhältniss von Frankreich, Lohr und Bayern übersteigen wenig die Zahlen von Preussen.

Nach den Zusammenstellungen, welche Edw. Smith aus den Tabellen des Registrar-General gemacht hat (Med. Times 1851. April pag. 422), schwankte die allgemeine Sterblichkeit in England während des Jahres 1841 nach den einzelnen Abtheilungen des Landes zwischen 1 : 38.3 und 1 : 51.3; sie betrug

für ganz England 1 : 45.7
„ London 1 : 39.7
„ Cheshire und Lancashire 1 : 38.3
„ Wales 1 : 51.3.

Auch hier sehen wir, dass der Theil von England, der in Beziehung auf locale Verhältnisse dem Spessart am nächsten stehen möchte, Nord- und Süd-Wales, die günstigsten Verhältnisse darbietet, während London und einige Fabrik-Districte ungünstigere Zahlen zeigen, als Orb und Rothenbuch.

Im Ganzen ist dies gewiss ein überraschendes Resultat, überraschender um so mehr, als unsere frühere Schilderung eher auf das Gegentheil vorbereitet haben möchte. Es ist ein Resultat, das noch durch fernere genaue statistische Untersuchungen weiter geprüft werden muss, das aber, wenn es sich bestätigen sollte, um so schlagender beweisen wird, wie hygienisch günstig trotz aller entgegenstehenden Hindernisse des socialen Lebens **die Bergluft, die elevirte Lage, die hohen Waldgegenden und die Arbeiten im Freien** einwirken.

Es zeigt sich ferner das auffallende Verhältniss, dass Alzenau, das wir nach vielen anderen Richtungen hin bevorzugen zu müssen glaubten, ungünstigere Zustände der Sterblichkeit darbietet, als alle übrigen Bezirke, ja ungünstigere, als ganz Bayern und als die Fabrik-Districte von England. Allein auch hier lassen sich characteristische Differenzen auffinden, wenn man die territorialen Verhältnisse berücksichtigt. Von den 33 Ortschaften des Bezirkes hat mehr als die Hälfte, nämlich 17, eine Mortalität von 2.5 bis 8.1. Diese vertheilt sich aber sehr ungleichmässig:

1. Ortschaften am Main und im Freigericht:

    1. Kahl am Main   8.1 pCt.
    2. Gross-Welmizheim 8.0 „
    3. Hörstein   7.2 „

        Mittel 7.7 „

2. Ortschaften im Kahl-Grunde:

    1. Gross-Blankenbach 5.9 pCt.
    2. Klein-Kahl   5.4 „
    3. Nieder-Steinbach 5.4 „
    4. Mensengesäss   3.9 „
    5. Schimborn   3.1 „
    6. Klein-Blankenbach 2.5 „

        Mittel 4.3 „

3. Ortschaften in dem westlichen Höhenzuge neben dem Kahl-Grund:

1. Dörnsteinbach 5.9 pCt.
2. Hofstetten 3.5 „
3. Huckelheim 3.4 „
4. Schneppenbach 3.0 „
5. Krombach 2.8 „
6. Omersbach 2.7 „
7. Ober-Western 2.7 „
8. Unter-Western 2.5 „

Mittel 3.3 „

Für die übrigen 16 Ortschaften bleibt dann eine Mortalität von 1.7 pCt. im Mittel übrig.

Da, wo die Bedingungen scheinbar am günstigsten, social jedenfalls am besten sind, in der Main-Ebene ist also eine ganz überraschende Mortalität, deren Ursachen erst aufgesucht werden müssen. Nächstdem kommt ein Theil des Kahl-Grundes, und zwar scheint es mir, dass es gerade die engeren, sowohl oberen als unteren Thäler desselben sind, in denen sich das grössere Mortalitäts-Verhältniss findet, während in dem weiteren Theile, z. B. in Schöllkrippen und Sommerkahl, ein ausserordentlich günstiger Zustand besteht. Erst in dritter und relativ günstiger Linie stehen dann die westlichen Bergdörfer, von denen ich leider keines von Augenschein kenne, so dass auch hier ein **günstigerer Einfluss der Elevation** hervorzutreten scheint. Rechnen wir nur die 3 Orte des Mainthales, Hörstein, Kahl a. M. und Gross-Welmizheim mit 2238 Einw. und 171 Sterbefällen ab, so erhalten wir für den übrigen Bezirk Alzenau das Mortalitäts-Verhältniss von 2.5 pCt. oder 1 Todesfall auf 40.3 Einw., was durchaus günstig genannt werden kann. Von besonderem Interesse möchte es dabei sein, dass die meisten der aus dieser Gegend bei den Pesten des 17. Jahrhunderts aufgeführten Orte auch in unserer Liste wieder als hygienisch ungünstige figuriren.

Aehnliche Betrachtungen möchten sich auch für die der Mortalität nach ungünstig notirten Ortschaften der übrigen 3 Bezirke anstellen lassen, namentlich wäre auch bei ihnen der Einfluss der engen Thalgründe, z. B. des oberen Joss-, Sinn-, Kinzig-, Aschaff-, Lohrerbach-Grundes zu erwägen, indess gehört dazu einerseits grössere Local-Kenntniss, andererseits grösseres statistisches Material, um diese Frage endgültig zu entscheiden. Möge es vorläufig genügen, auf die Wichtigkeit dieser **Ortsstatistik** aufmerksam gemacht zu haben; vielleicht dass sich an Ort und Stelle Männer finden, welche diese Fragen weiter verfolgen und die

Thatsachen sammeln, auf denen sich eine begründete Geschichte des Gesundheits- und Krankheits-Zustandes vom Spessart aufbauen lässt. — Nachdem wir so einen Ueberblick der endemischen Constitution und der Mortalitäts-Zustände gewonnen haben, können wir leicht den gegenwärtig herrschenden Krankheits-Charakter bezeichnen. Von acuten Krankheiten fanden wir die beiden Hauptformen, welche der Spessart überhaupt darbietet, entzündliche Affectionen der Brustorgane und typhöse Erkrankungen, und zwar beide unmittelbar neben einander, so dass es zuweilen einer sehr sorgsamen Untersuchung bedurfte, um den diagnostischen Weg nicht zu verlieren. Wir sahen nicht bloss, z. B. in Leidersbach, Weibersbrunn, Rothenbuch, in demselben Orte zu derselben Zeit Pneumonien und Typhen, sondern es kam dies auch in einer und derselben Familie vor, wie in Weibersbrunn, wo der Vater an einer in Behandlung befindlichen Pneumonie zu Bette lag, während die 26jährige Tochter eben Reconvalescentin von einem 6 Wochen lang bestehenden, nicht behandelten Typhus war. In Leidersbach war diese Coïncidenz typhöser und entzündlicher Zustände um so auffallender, als hier, wie schon erwähnt, die Mortalität des Januar und des halben Februar (bis zum 22.) die Jahreshöhe günstiger Perioden erreichte. Diese Mortalität vertheilte sich, wenn man den einzigen Todesfall, der im October 1851 vorgekommen war, hinzurechnete, folgendermassen:

3 Todesfälle an Typhus in derselben Familie,
2 „ „ Croup bei Kindern derselben Familie,
6 „ bei Leuten über 40 Jahre (47, 55, 62, 69, 79, 84 J.)
11 Todesfälle.

Im Bezirke Alzenau trafen wir nirgends frische Typhusfälle; die letzten, welche Dr. Ulrich, der von Schöllkrippen aus die ganze Praxis des oberen Kahl-Grundes und der benachbarten Bergdistricte besorgte, behandelt hatte, betrafen einen 51jährigen Mann von Omersbach, der nach 9tägiger Krankheit am 8. Januar, und einen zwölfjährigen Knaben von Geiselbach, der gleichfalls nach 9tägiger Krankheit am 1. November 1851 gestorben war. Dagegen sahen wir selbst im Kahl-Grund wiederholt Fälle von acuten Brustaffectionen (nebst einem Fall von acuter Angina parotidea bei einem 11jährigen Knaben in Schöllkrippen), von denen ich zwei latente Pneumonien besonders erwähnen will. Die erste fand sich bei einem 17jährigen, nicht menstruirten Mädchen in Sommerkahl, welche seit 5 Tagen erkrankt war und nicht den geringsten Anschein einer Brustaffection darbot. Für den ersten Anblick gewährte sie ganz das Bild eines Typhus in einem jungen, kräftigen Körper: rothes, etwas bläulich-rosiges Gesicht, Unruhe bei dem Ausdruck von leichtem Stupor, etwas starre und glänzende Augen, Situs prostratus. Die Angehörigen erzählten, dass sie hauptsächlich über Kopfweh klage, die Nächte unruhig zubringe, häufig irre rede, viel friere, fast gar nicht huste. Die Untersuchung ergab einen unterdrückten, gereizten Puls von 72 Schlägen, heissen Kopf, feuchte, weisslich belegte Zunge, angehaltenen Stuhl bei schmerzlosem Leibe, hinten rechts unter der Scapula matten Percussionston und fehlende Respiration, beim Husten feinblasiges Rasselgeräusch; Auswurf äusserst gering. — Einen ähnlichen Fall sahen wir in Königshofen bei einem 59jährigen Manne, der eine alte Stenose der Mitralklappe hatte. Er klagte hauptsächlich über Schmerzen im Kopf und Leib, sowie über schmerzhaften Durchfall und Schmerzen im rechten Ohr, an dem nichts zu sehen war. Auch hier wenig Fieber, nur ein intermittirender und irregulärer Puls, feuchte, weisslich belegte Zunge, leerer und weicher Leib; die Pneumonie sass links oben in der Gegend der Scapula. — In beiden Fällen waren die Nahrungsmittel schon einige Zeit knapp gewesen und hatten in den letzten Tagen fast ganz gefehlt; die Kräfte der Kranken waren sehr gesunken, und so mochte die geringe Erregung, die mangelhafte Reaction wohl dem Mangel zugeschrieben werden.

Was nun die gefundenen Typhen anbetrifft, so hatten wir zuerst in Leidersbach Gelegenheit, ihr Vorkommen unter sehr eigenthümlichen Verhältnissen zu untersuchen. Das Gerücht hatte hier den Ausbruch des Hungertyphus in der Familie des Ortsnachbars Hermann berichtet, und in der That ergab eine Nachforschung, dass in dieser Familie, welche aus den beiden Eheleuten Hermann und deren zwei Söhnen, sowie aus einer Schwägerin nebst deren unehelichen Sohn, also aus 6 Personen bestand, 5 erkrankt und 3 kurz hinter einander gestorben seien. Nur der Mann war verschont geblieben; die Frau, der eine Sohn und die Schwägerin waren gestorben, die andern beiden Buben fanden wir in einer schwächlichen Reconvalescenz vor. Die Untersuchung konnte sich daher nur zum geringsten Theil mit objectiver, directer Feststellung von Thatsachen beschäftigen; die meisten Vorgänge gehörten der Vergangenheit an und konnten nur durch eine Vernehmung verschiedenartiger Zeugen ermittelt werden.

Leidersbach liegt sehr weit ausgedehnt, die Häuser und Gehöfte entweder ganz vereinzelt, oder gruppenweise vertheilt, in einem ziemlich schmalen, aber nicht sehr tiefen Thale, das ein sehr klarer und schnellfliessender, ziemlich grosser Bach durchschneidet. Zu beiden Seiten desselben ziehen sich quellenreiche Wiesen hin und dicht neben diesen, da wo die Seitengehänge der Thalwand beginnen, liegen die Häuser, zum Theile terrassenförmig hinter einander. Die Rückwand der Häuser, welche ringsum von einem feuchten, mit Dünger erfüllten Hofe, Gärten, Kleeland etc.

umgeben sind, steht daher gewöhnlich höher an den Berg herauf, als die Front, und der Erdboden berührt dieselbe meist bis zum Niveau des Fussbodens der Wohnzimmer. So lag auch das Haus des Hermann, schon etwas höher, hinter einem niedriger stehenden Gehöfte, an der Sonnenseite des Thales in dessen oberem Theile. Es war ein kleines, altes, baufälliges Haus, das unten einen Stall mit einem schon verpfändeten, mageren „Stierchen" enthielt und dessen hintere Wand ganz in den Berg hineinging. Ueber eine ziemlich hohe Stiege kletterte man zu dem sonst einstöckigen Hause hinauf, das einen ganz kleinen Vorplatz mit Küche, ein einziges, enges und niedriges Zimmerchen und ein dunkles, feuchtes und kaltes Kämmerlein umschloss. Die Wände des letzteren waren fast ganz nass und auch die des Zimmers von Rauch und schwärzlichen Schimmellagen überdeckt. Enge, niedrige Fenster mit verschiebbaren und demnach zu öffnenden Flügeln, und ein grosser, thönerner Ofen mit Ofenbänken bildeten die weitere Ausstattung des Zimmers, das zum grossen Theil von einem nicht ganz sauberen, aber mit dicker Federdecke versehenen Bett, einem alten Tisch und einer Fensterbank ausgefüllt wurde. Ein zweites, aber sehr schmutziges und eckles Bett nahm einen nicht unbedeutenden Raum des Kämmerleins weg.

In diesem Raum hatten die 6 Menschen gehaust, in den beiden Betten geschlafen, so dass der 13jährige Sohn des Hermann bei der Schwägerin, welche in der Kammer ihr Lager hatte und welche „ihn sehr lieb hatte", mit im Bette lag. Zuerst erkrankte die Mutter der Familie, Margaretha geb. Salg, 53 Jahr alt, die bis dahin bis auf einen alten, beweglichen Bruch ganz gesund gewesen sein sollte. Nach einer Wäsche, die sie im December vorigen Jahres besorgte, erkrankte sie unter Frost, klagte über den Leib und legte sich. Sie hatte jedoch weder Erbrechen, noch Durchfall oder Verstopfung, noch soll der Leib besonders aufgetrieben gewesen sein; der Bruch war jederzeit reponibel und ist noch kurz vor dem Tode einmal zurückgebracht worden. Auch hatte sie keine Seitenstiche, noch Klagen über die Brust. Sie fröstelte fortwährend, hatte viel Durst, plauderte Nachts und hatte in der letzten Zeit Flockenlesen, doch soll die Haut nicht brennend oder besonders heiss, die Zunge nicht trocken oder braun gewesen sein und keinerlei Exanthem war bemerkt worden. Sie starb nach 8 Tagen am 26. December, nach der Aussage ihres Mannes besinnlich.

Ihre Schwester, Katharina Salg, 48 Jahr alt, besorgte bald nach dem Begräbniss die Wäsche der hinterlassenen Bett- und Kleidungsstücke, und benutzte dann auch diese Betten selbst. Schon acht Tage nach dem Tode ihrer Schwester erkrankte sie ihrerseits unter Frost, Hitze, Kopfweh, fröstelte stets, hatte sehr viel Abweichen, so dass an einem Tage bis 14, zum Theil unwillkürliche Entleerungen erfolgten, aber die Zunge war weder braun, noch trocken. Die Haut soll kühl, nie schwitzend gewesen sein; so oft ihr Nahrung gereicht wurde, ass sie und verlangte sogar von der Suppe gewöhnlich dreimal; Wasser dagegen trank sie nicht viel. Sie sprach nicht irre, soll bis zuletzt besinnlich gewesen sein, und nur ihr Gehör habe gelitten. Sie starb am 25. Januar.

Schon vor ihr hatte sich Johann Hermann, der zweite, 13jährige Sohn, gelegt, obwohl seine erste Erkrankung ziemlich gleichzeitig mit der seiner Tante erfolgt zu sein scheint. Er soll immer elend gewesen sein und eine böse Farbe gehabt haben. Schon während des Herbstes klagte er oft über Leibweh, und entleerte einigemal Würmer. Gehustet hat er selten. Die gegenwärtige Krankheit entwickelte sich ohne bestimmten Anfangspunkt, namentlich ohne Schüttelfrost. Er fühlte sich matt, sah elend aus, klagte über den Bauch, fröstelte, hatte grosse Hitze und Schmerzen im Kopf, wurde schwerhörig, unbesinnlich, bekam in der letzten Zeit viel, zum Theil unbewusstes Abweichen, sowie fuliginösen Beleg des Zahnfleisches und der Lippen. Lichtscheu und Ausschlag wurden nicht beobachtet. Tod am 26. Januar, nachdem er etwa einen Monat krank gewesen war.

Um den Anfang der zweiten Woche des Januar erkrankte auch der 23jährige Sohn der Schwägerin, Johann Salg. Obwohl er sich schwach fühlte, so verschwieg er es Anfangs; auch begann die Krankheit ohne deutlichen Frost und die Brust blieb ganz frei. Dagegen schwitzte er viel, hatte grossen Durst, keinen Appetit, obwohl die Zunge nicht braun belegt gewesen sein soll; der Kopf war brennend heiss und eine schon vor der Krankheit bestehende Schwerhörigkeit steigerte sich zur vollkommenen Taubheit mit Gebraus in den Ohren. Der Harn wurde spärlich und dunkelbraun gelassen. Auf die Verstopfung folgte später Durchfall mit 4—5 Entleerungen täglich. — Als wir den Kranken (am 22. Februar) sahen, befand er sich ausser dem Bett, sah aber noch sehr blass und abgemagert aus, war sehr matt und schwerhörig, die Haut desquamirte, der Harn war reichlicher und heller geworden, die Zunge feucht und ziemlich rein. Auch der Appetit stellte sich ein.

Erst gegen Ende Januar begann der älteste Sohn des Hermann, der 14jährige Franz, der bis dahin die Geschäfte ausser dem Hause besorgt hatte, zu klagen. Er fühlte sich sehr matt, bekam einen aufgetriebenen, ganz schmerzhaften Leib, belegte Zunge, Durchfall mit 4 — 5 dünnen, unter vielen Winden abgehenden Entleerungen, hatte geringen Appetit, aber auch wenig Durst, häufige Hitze, aber keinen rechten Frost. Der Kopf soll frei geblieben sein, und er hatte sich daher nie dauernd gelegt. Bei unserem Besuche (nach 3 — 4 Wochen der Krankheit) war er in voller Reconvalescenz, sah noch sehr blass und matt aus, hatte aber mässigen Appetit und eine feuchte, etwas weissliche Zunge. Gesicht und Brust mit Sommersprossen bedeckt, zwischen denen einzelne rosige Flecke stehen.

Während dieser ganzen kleinen Endemie war kein Arzt zu Hülfe geholt worden; nur hatte der Mann, als es; gar zu schlimm ging, sein letztes Geld hingegeben, um dafür einige Messen lesen zu lassen. Ob daher in den aufgestellten Krankheitsgeschichten, welche mit vieler Mühe durch lange Examina gewonnen wurden, falsche Angaben oder grosse Lücken sind, lässt sich nicht sicher ausmachen. Immerhin lagen die Ereignisse alle noch in frischer Erinnerung und die beiden Reconvalescenten waren als Theilnehmer der Leiden selbst vorhanden, so dass unserer Meinung nach im Wesentlichen doch kein bedeutender Zweifel an der Richtigkeit unserer Schlussfolgen blieb. In den einzelnen Geschichten waren manche Widersprüche, manche grosse Differenzen, allein das Faktum bleibt doch stehen, dass im Ganzen der Verlauf ein analoger, die örtlichen Erscheinungen ziemlich gleichartige waren. Die Mutter stirbt nach einem 8tägigen Krankenlager unter cerebralen und abdominalen Erscheinungen. Acht Tage später sehen wir ihre Schwester und ihren Sohn erkranken: die erstere stirbt nach wenig mehr als 3 Wochen, der Sohn einen Tag später, nachdem bei der Schwester mehr die abdominalen Erscheinungen hervorgetreten, dagegen bei dem Sohn die typhösen Zustände am Centralnerven- und am Digestions-Apparat stark entwickelt waren. Kaum 8 Tage nach der Schwester erkrankt deren Sohn und bald nach dem Tode der Schwester und des jüngeren Sohnes des Hermann folgt die Erkrankung des älteren Sohnes; beide fanden wir, den einen nach 6 Wochen, den andern nach mehr als 3 Wochen in einer kaum gesicherten Reconvalescenz. Der Mann, welcher am meisten im Freien beschäftigt war, erkrankte gar nicht; der ältere Sohn, dem die Aussengeschäfte, die Botengänge etc. meist übertragen waren, am spätesten und gelindesten. Der zuerst erkrankten Frau folgte zunächst die Schwester, welche sie am meisten gepflegt, nach ihrem Tode ihre Wäsche gereinigt hatte und dann mit ihrem Neffen und Sohne in den hinterlassenen Betten schlief. Die Erkrankungen erfolgten in ziemlich regelmässigen Zwischenräumen, obwohl ich ihre Zeit nicht zu genau beschränken möchte.

Darf man hier noch zweifeln, dass sich ein Infectionsheerd gebildet hatte, der einen Bewohner nach dem anderen einer Krankheit verfallen liess, deren typhöse Natur bald mehr, bald weniger hervortrat und bei der die Reactionserscheinungen, insbesondere die Reflexbewegungen am Gefässapparat um so weniger heftig sich entwickelten, je mehr die Körper schon durch einen, wenn auch nicht bis zum Aeussersten getriebenen, so doch schon längere Zeit bestehenden Mangel gelitten hatten? Es lag kein Grund vor, den Mangel an Nahrungsmitteln in eine unmittelbare ursächliche Verbindung mit der Bildung eines solchen Infektionsheerdes zu setzen, denn die Mittel des Mannes waren erst in der allerletzten Zeit vollständig erschöpft worden und das Brod, das wir bei ihm vorfanden, war sehr gut ausgebackenes und kräftiges Bäckerbrod. In anderen Familien desselben Orts fanden wir eher weniger, als mehr Nahrungsmittel und doch bestanden nirgends weiter, obwohl wir alle Kranke, die wir ermitteln konnten, aufsuchten, ähnliche Zustände, noch kamen überhaupt typhöse Krankheiten weiter vor. Es lag demnach hier ein ganz ähnliches Verhältniss, beschränkt auf ein einziges Haus, vor, wie ich es in der oberschlesischen Hunger-Epidemie im grössten Umfange constatirte: die Bildung eines Infektionsheerdes in einem bewohnten Hause mit fast vollständiger Durchseuchung aller Bewohner ohne Propagation auf die Nachbarn. Die Ansicht, welche ich damals entwickelt habe, dass nämlich die Häuser selbst die endemischen Krankheitsmomente enthalten und dass unter gewissen Witterungs- oder sonstigen äusseren Verhältnissen diese stets vorhandenen Schädlichkeiten zur Wirkung und Aeusserung gelangen, schien hier durchaus bestätigt zu werden. —

In Weibersbrunn allein fand sich etwas vor, das sich diesem allerdings bedenklichen Befunde annäherte. Dieses ziemlich grosse und ausgedehnte Dorf mit gegen 1000 Einwohnern liegt ziemlich hoch inmitten des eigentlichen Spessarts, am nordwestlichen Fusse des Geiersberges in einem engen, eingeschlossenen Thal, welches von einem kleineren Bache, der sich später in die Hafenlohr ergiesst, durchströmt und zum Theil mit sumpfigen Wiesen erfüllt ist. Die Häuser stehen meist an den Thalwänden, einzelne jedoch ziemlich niedrig und noch auf Wiesengrund. Die Seiten des Thals, namentlich die nördliche sind mit Ackerfeld überdeckt und nur nach Süden und Osten rückt das Waldterrain näher heran; so dass häufige Nebel sich in dem Thal anhäufen können. Früher durch eine ausgedehnte Glashütte in der Gelegenheit häufigeren Verdienstes, sind die Bewohner seit dem Stillstande derselben immer mehr in Noth gekommen und die Sterilität ihrer Felder gewährt ihnen auch bei angestrengter Arbeit keinen reichen Gewinn· Jedes Nothjahr hat daher hier sogleich seine Wirkungen geäussert und kleinere Epidemien typhöser Erkrankungen sind von Zeit zu Zeit wiedergekehrt.

Wir fanden hier an der Schattenseite des Thals ein Haus, das nicht gerade zu den schlechtesten gehörte, relativ geräumig war, nicht zu niedrig lag, und dessen Bewohner noch keineswegs von der Noth arg heimgesucht waren. Allein um so mehr fiel die Ueberfüllung, das Encombrement des

Wohnzimmers auf. Die Familie war sehr gross, wenn ich nicht irre, mindestens 8 Personen stark, und als wir eines Vormittags in ihr Wohnzimmer traten, fanden wir dasselbe ganz erfüllt mit Menschen und Geräthen. Zwei Betten mit kranken Kindern, ein drittes leeres, ein glühende Luft aussendender Ofen etc. nahmen den grösseren Theil des Raumes weg. In einem Winkel zwischen Wand und Ofen stand ein Bett, worin die 7jährige Tochter, Francisca Molitor lag. Sie war der Aussage der Mutter nach vor 8 Wochen unter Frost und Hitze erkrankt, hatte über Kopf, Brust, später auch über den Leib geklagt, den Appetit verloren, Durchfall, und eine brennend heisse Haut, fuliginösen Beleg der Lippen und Zähne bekommen und 3 Wochen hindurch delirirt. Einen Arzt hatte man nicht geholt, sondern bei dem grossen Durste fleissig frisches, kaltes Brunnenwasser trinken lassen. Vor 14 Tagen brach im Gesicht ein Ausschlag aus und seit etwa 8 Tagen begann die kleine Kranke sich etwas besser zu fühlen, stieg zuweilen aus dem Bett, bekam etwas Appetit, war aber immer noch sehr schwach. Als wir sie (am 23. Februar) sahen, lag sie mit heissem, geröthetem Gesicht und schwitzend dicht hinter dem übermässig geheizten Ofen. Auf der Haut, namentlich der oberen Extremitäten zeigte sich eine feine Desquamation, auf Brust und Bauch feine, helle Frieselbläschen, und im Gesicht ein eigenthümliches, masernartiges Exanthem. Dasselbe bildete hellblaurothe, leicht im Centrum erhabene und auf der Spitze häufig mit einem Bläschen versehene Flecken von einigen Linien im Durchmesser, die unter dem Fingerdruck nicht vollständig schwanden, zum Theil sehr dicht, aber einzeln, zum Theil gruppenweise und confluent standen, und namentlich an Stirn, Wangen und Kinn fast continuirlich aneinander stiessen.

In dem andern Bette lag die ältere, 11jährige Schwester Amalie, vor 18 Tagen aus der Schule geblieben und unter Frost, Hitze, Klagen über Kopf und Brust erkrankt. Anfangs war Verstopfung da, seit 3 — 4 Tagen auf die Darreichung von Senna-Aufguss Durchfall, der 3—4 dünne, jedoch nicht unwillkürliche Entleerungen fördert. Nachts spricht sie irre, auch zuweilen bei Tage. Sie bot uns den ächten Habitus typhosus dar: prosternirte Lage, blaurothe, stark injicirte, collabirte Wangen, stiere, glänzende Augen mit starker, in schmutzig bräunliche Krusten eintrocknender Absonderung, geöffneter Mund mit fuliginösem Beleg der trockenen Lippen und Zähne, häufige, rasselnde, stöhnende, durch fortwährendes Hüsteln unterbrochene Respiration. Die Haut brennend heiss, mit widerwärtig riechendem Schweiss bedeckt, über den Leib Frieselbläschen zerstreut. Die Zunge feucht, gelbbräunlich belegt, der Bauch mässig voll, weich, etwas schmerzhaft: die epigastrische Gegend etwas dumpf, die Milz vergrössert.

Der schnelle, mässig volle, aber leicht wegzudrückende Puls machte 114 Schläge in der Minute; der Herzschlag nicht fühlbar, bei der Auskultation schwache, wenig verbreitete Töne. In der Minute wurden 32 Inspirationen gezählt, der Perkussionston war ziemlich an allen Stellen des Thorax voll und sonor, das Respirationsgeräusch hinten und oben unbestimmt, etwas pfeifend, oben verstärkt und etwas hart, vorn starke Rasselgeräusche mit sichtbarer Vibration der Brustwand. Der Kopf heiss, die Antworten schlecht, ungenügend und langsam.

Ausser diesen Beiden war noch ein älterer Bruder vorhanden, der epileptisch und mit Haemoptoe behaftet war. *)

---

*) Hr. Gerichtsarzt Dr. Kamm in Rothenbuch, der uns begleitete und die Behandlung dieser Kranken fortsetzte, schrieb mir später (19. März) über dieselben: „Amalie M. ist gegenwärtig Reconvalescentin, obgleich dieses Stadium sich etwas in die Länge zieht. Es besteht bei ihr nur noch eine katarrhalische Affection der Respirationsorgane, die auf Emulsiva mit Narcot. mehr und mehr verschwindet. Ein Exanthem, dem bei ihrer 7jährigen Schwester bestandenen ähnlich, hat sich gleichfalls, auf Stirn, Gesicht und Extremitäten, sowie über die Magengegend sich verbreitend, entwickelt. Dasselbe ist rauh anzufühlen, desquamirt, und besteht aus roth und weiss aussehenden Knötchen. Das Abgeschuppte ist kleienartig, ganz wie bei ihrer Schwester. Ob hier nicht etwa eine Febris morbillosa mit stark gastrischer Complication bestanden haben könne? um so mehr, da ihre Schwester doch auch denselben Ausschlag hatte. — Der epileptische, mit Haemoptoe behaftete Bruder musste vor wenigen Tagen wieder das Bett suchen, da ein fieberhafter Katarrh denselben befiel." Eigenthümlicher Weise wird hier wieder dieselbe Frage aufgeworfen, die auch in Oberschlesien gestellt war, und die neuerlich ein deutscher Kliniker wieder für jene Epidemie zu erneuern sich bemüssigt gefunden hat. In der That war dies Spessarter Exanthem morbilliform, aber es unterschied sich von dem oberschlesischen ausser verschiedenen anderen Eigenschaften durch die Zeit seines Auftretens. Es gehörte hier unzweifelhaft der Reconvalescenz an, und hatte, wie es schien, einen kritischen, depuratorischen Charakter, während das oberschlesische der sich entwickelnden Krankheit als Coëffect, als accidentelles Symptom angehörte, und für den Krankheitsverlauf gar keine Bedeutung hatte. Hätte es Masernkranke im Spessart gegeben, was meines Wissens nicht der Fall war, so hätte allerdings die Frage aufgeworfen werden müssen, ob hier nicht eine Complication vorlag; es scheint mir aber unmöglich, eine Krankheit dieser Art, die erst, nachdem sie 4—6 Wochen mit aller Heftigkeit und Gefährlichkeit bestanden hat, zur Eruption eines depuratorischen Exanthems führt, als Masern zu betrachten. Wir haben in loco an der typhösen Natur der Krankheit nicht gezweifelt, und der ganze Verlauf der Erscheinungen, die Länge der Reconvalescenz, die Natur der befallenen Organe (Digestionstractus, Milz, Respirationsschleimhaut, Kopf etc.) scheinen diese Ansicht nur zu bestätigen. Exanthem d. h. Roseola typhosa haben wir nicht gesehen, allein die Zeit, wo diese hätte stehen sollen, war auch vorüber. Nur unsere Prognose bestätigte sich gar nicht, denn wir hatten allerdings für die kleine Amalie M. keine Besserung gehofft.

Eine dritte Typhus-Kranke fanden wir ganz zufällig in einem Nachbarhause, wo der Vater an Pneumonie darniederlag. Auch hier waren die örtlichen Verhältnisse nicht so ungünstig, wie in Leidersbach. Elisabeth Feth, 26 Jahre alt, hatte sich vor 6 Wochen auf einem Gange nach Aschaffenburg und zurück unwohl und fröstelnd gefühlt. Nach Hause zurückgekehrt wurde sie von einem Schüttelfrost befallen, dem grosse Hitze und Abgeschlagenheit folgten. Kopfweh hatte sie nicht, aber später stellten sich namentlich nächtliche Delirien ein, aus denen sie durch Anrufen erweckt werden konnte, und die besonders 3 Tage lang heftig waren. Durchfall war von Anfang an zugegen gewesen, so dass 3—4 dünne, gallige Stuhlgänge täglich erfolgten, und er bestand die ganze Krankheit hindurch. Die Zunge war sehr belegt, fuliginös, der Appetit fehlte, dagegen empfand sie „viel Brand" und trank stets frisches Brunnenwasser. Der Leib war aufgetrieben und schmerzhaft, namentlich empfand sie Druck um den Nabel. Die Brust blieb frei; Exanthem ist nicht bemerkt. Später stellten sich stinkende Schweisse ein, und mit ihnen Besserung. Wir fanden sie ausser dem Bette, in voller Reconvalescenz, sehr abgemagert, und die Zunge sehr geröthet, zum Theil gelbröthlich, rissig und zottig, da sich der fuliginöse Beleg erst kürzlich gelöst hatte. — Die Mutter, welche bei ihr im Bette geschlafen hatte, war nicht erkrankt. —

In Rothenbuch, dem Sitze des Landgerichtes, einem grösseren und in einem mehr flachen Thale gelegenen Orte, sahen wir nur eine Person, welche als typhös betrachtet werden konnte. Es war ein 26jähriges Mädchen in einem sehr ungünstig gelegenen, äusserst eng zwischen andern Häusern, Höfen, Düngerhaufen und Mistlachen eingeschlossenen Hause, wo in einem kleinen, niedrigen und dunkeln Zimmer fast der ganze vorhandene Raum mit Betten erfüllt war. Die Kranke schlief auch hier zunächst am Ofen. Kurz nach dem Aufhören ihrer Menstruation vor 8 Tagen war sie unter Frost erkrankt; grosse Kraftlosigkeit, Klage über Kopf, Brust und Bauch. Der Appetit schwand, während der Stuhl dauernd angehalten war; die Nächte waren unruhig, sie träumte viel und sprach zuweilen irre. Als wir sie sahen (23. Februar), war sie sehr schwach, klagte über Stirnschmerz und Sausen im Kopfe, hatte das Gesicht geröthet, die Augen glänzend, die Haut trocken und mässig heiss, die Zunge feucht, roth, leicht weisslich belegt, den Bauch voll, etwas schmerzhaft, in der Milzgegend ausgedehnte matte Percussion. Der Puls machte 116 matte, kleine und schwache Schläge. Sie hüstelte zuweilen, allein die Percussion gab überall guten Ton, die Auskultation zeigte vesiculäres, nur sehr schwaches Geräusch. Hals, Bauch, Arme und Beine waren mit kleinen rothen Stippchen besetzt, die anfangs als Petechien betrachtet wurden, bei denen aber nach wiederholter Untersuchung die Möglichkeit zugelassen wurde, dass es Extravasate nach Flohstichen seien. — Am folgenden Morgen, wo ich die Kranke wieder sah, war grosse Remission eingetreten. Nachdem ihr durch ein Klystier Oeffnung verschafft, durch Waschungen die Sprödigkeit der Haut überwunden, durch kühlende Mittel die Temperatur etwas ermässigt und ihr nach langer Entbehrung eine warme Suppe verabreicht war, befand sie sich sehr viel besser. *)

Ausser diesem Falle sahen wir noch in Waldaschaff einen jungen Mann, der an der Eisenbahn bei Hain beschäftigt gewesen und mit Abdominaltyphus heimgekehrt war; er befand sich in der 8ten Woche der Krankheit und in der Reconvalescenz, von Hrn. Kamm behandelt. Im städtischen Spital zu Aschaffenburg lagen 3 Typhöse, 2 in der Reconvalescenz, Gesellen aus der Stadt, 1, wie es schien, moribund, gleichfalls Eisenbahnarbeiter aus Klein-Ostheim. Darauf beschränkte sich Alles, was wir in dieser Richtung sahen und durch Erkundigungen ermitteln konnten. **) Immerhin genügte es, um die sporadische, an einzelnen Punkten gruppenweise Anwesenheit gefährlicher Krankheitsformen zu beweisen, die unter Umständen allerdings eine gefährliche Verbreitung hätten erlangen können, zumal da frühere Präcedentien vorlagen. Indess zeigte sich nirgend eine Neigung zur Propagation oder zu wirklich contagiöser Vervielfältigung; kein einziger der von uns beobachteten Fälle war ganz frisch: die jüngste Erkrankung 18 Tage alt, die Mehrzahl schon in erklärter Reconvalescenz, so dass als die Periode der häufigeren Erkrankungen eigentlich die Zeit vor 3 — 8 Wochen d. h. die Zeit von Ende December bis Anfang Februar angesehen werden musste. Um so weniger schien es daher nöthig, besondere grössere Maassregeln zu veranstalten, welche der Bevölkerung nur Sorge gemacht haben

---

*) Nach 10 Tagen ist die Reconvalescenz, wie Hr. Kamm meldet, declarirt gewesen.
**) In seinem späteren Berichte, nachdem die angeordnete Visitation der Orte vorgenommen war, meldete Hr. Kamm aus Neuhütten, einem nördlich von Rothenbuch gelegenen Dorfe im Innern des Spessarts, noch 2 Fälle von Typhus bei einem 23jährigen Mädchen und einer etwa 38jährigen Frau, die er als Abdominal- und Cerebraltyphus bezeichnete. Beide waren schon 10 — 12 Tage erkrankt, als er sie entdeckte, wurden in Kurzem gebessert und traten bald in die Reconvalescenz ein. Bei dem Mädchen unzählige Sedes, kalte Haut, profuse Schweisse, Miliaria alba über den ganzen Körper, kleiner fadenförmiger, schneller Puls, rissige, braune Zunge, höchst beschwerte Respiration bei überfüllten Lungen; bei der Frau retardirter Stuhl, gänzliche Apathie, Bewusstlosigkeit und Gleichgültigkeit, heisse, trockene Haut, gläsernes Auge, etwas kleiner, schneller Puls und mehr schleimige, gegen die Wurzel hin belegte Zunge, dumpfes Brausen in den Ohren neben Schwerhörigkeit, schwer erfolgende Antworten auf gestellte Fragen. — Mangel an Nahrung konnte hier um so weniger angeschuldigt werden, als namentlich das Mädchen die Tochter wohlhabender Eltern war.

würden, und die Commission beschränkte sich daher darauf, eine allgemeine Visitation aller Ortschaften zu veranlassen, um so die Controlle des Krankheitscharakters fortführen zu können. — Neben diesen Typhen, deren Verlauf nur unbedeutend durch den gleichzeitigen Mangel an Nahrungsmitteln verändert wurde, und auf deren Entstehung der Noth kaum ein Einfluss zugeschrieben werden konnte, beobachteten wir, insbesondere in Weibersbrunn, eine kleine Zahl von **eigenthümlichen Fällen, in denen die Noth allerdings bestimmend zu sein schien.** Schon früher habe ich darauf aufmerksam gemacht, dass bei den latenten Pneumonien des Kahl-Grundes die mangelhafte Ernährung wohl als Motiv der mangelhaften Reaction betrachtet werden konnte. Allein in diesen Fällen hatte die Noth allerdings nicht den hohen Grad erreicht, wo schon positive Erscheinungen der Störung am Körper hervortreten. Dieses liess sich in anderen Familien aber nicht zurückweisen. Bei manchen Leuten bestanden schon längere Zeit hindurch chronische Krankheiten, welche an sich, indem sie die Arbeits- und Erwerbsfähigkeit minderten oder ganz aufhoben, den Eintritt der Noth beschleunigten und sie schneller zu bedeutenderer Höhe steigerten. Manche lagen fast ganz hülflos und verlassen da; man glaubte auf sie bei der gegenwärtigen Untersuchung um so weniger die Aufmerksamkeit richten zu dürfen, als sie ja schon so lange krank seien, und wir mussten oft genug wieder und wieder die Frage stellen, ob nicht noch Kranke im Orte seien, bevor man uns zu diesen führte. Eine andere Kategorie der Hungerzustände bildeten aber diejenigen Kranken, welche bis zum Eintritte der Noth relativ gesund und arbeitsfähig gewesen waren, bei denen dann unter dem zunehmenden Mangel von Monat zu Monat die Kräfte sanken, und zuletzt in dem geschwächten, heruntergekommenen Körper durch eine leichtere Schädlichkeit, z. B. eine Erkältung die definitive Erkrankung fertig wurde. **Der Hungerzustand bildete hier also die Prädisposition für eine sonst vielleicht kaum bemerkte oder ganz vermiedene Erkältungskrankheit**, gerade wie unter anderen Verhältnissen derselbe die Prädisposition zur typhösen Erkrankung hergeben kann. Die eigentliche Krankheit erhielt dadurch einen eigenthümlichen Charakter, eine ungewöhnliche Heftigkeit und eine auffallende Dauer. Wir sahen solche Complicationen einfacher und leichter Erkrankungen mit dem Hungerzustand hauptsächlich in zweierlei Art, nämlich mit **Bronchial- und Intestinal-Katarrhen**, von denen insbesondere die ersteren ein ganz besonderes Aussehen annahmen, indem die bronchiale Affection ganz gering erschien und der Hungerzustand sich einem mehr oder weniger typhösen Ansehen näherte. Wir sahen dies besonders ausgeprägt in der Familie Fleckenstein in Weibersbrunn.

Joh. Fleckenstein, genannt Stocker, Taglöhner, lebte hauptsächlich von Waldarbeit und baute nebenbei einige Kartoffeln. Seine elende Hütte liegt am Ende des Dorfes auf der Thalsohle an der Sonnenseite. Er hatte mit seiner Frau Marianne 10 Kinder gehabt, von denen noch 7 am Leben sind. Seine Kartoffeln waren ihm dieses Jahr missrathen, so dass er schon seit Martini keine mehr besessen haben will. Seit dieser Zeit ernährte er sich immer kümmerlicher, da sein Verdienst nur kärglich zureichte, die Nahrungsmittel für seine grosse Familie zu erwerben. Der eine seiner Söhne ist ihm daher schon seit einiger Zeit entlaufen. Allmälig schwanden seine Kräfte, und er konnte nicht mehr im Walde arbeiten. Seine Frau, 40 Jahre alt, ist schon seit 14 Tagen erkrankt; nach einem Frost wurde sie von Hitze, Schmerzen im Leib, in der Brust und im Kopfe befallen, sehr matt und musste sich zu Bette legen. Der Stuhl war angehalten, zu essen bekam sie fast nichts. Mässiger, häufiger Husten. Als wir sie sahen, lag sie noch zu Bett, war sehr abgemagert, hohläugig, der Leib bis fast auf die Wirbelsäule eingesunken, die Haut kühl, trocken, schmutzig und mit zahlreichen, sehr feinen, runden, hellblaurothen Flecken (Flohstichen?) besetzt, an vielen Stellen vom Kratzen excoriirt und mit zahlreichen kleinen venösen Ektasien versehen. Sie klagte immer noch über Kopfweh, Sausen und Schwerhörigkeit, hustete häufig, hatte Schmerzen auf der Brust, in der jedoch weder durch Percussion noch durch Auscultation etwas Erhebliches entdeckt werden konnte; auch im Leib hatte sie, wie sie sagte, noch Schmerzen, doch zeigte sich dieser weich und beim Druck schmerzlos. Die Zunge war feucht und ziemlich rein; der Stuhl seit 8 Tagen angehalten. Der Puls machte 80 schwache und matte Schläge in der Minute. — Der Mann selbst, der an Leistenbrüchen und chronischen Fussgeschwüren litt, eine grosse, kräftig gewachsene Figur, der ein tüchtiger Arbeiter gewesen sein soll, war gleichfalls mager, hustete weniger, ging auch noch herum, und klagte hauptsächlich über „Glockenläuten" im Kopfe, der heiss und geröthet war. Fieber hatte er nicht.

In derselben Wohnung befand sich ausserdem seine Schwägerin, die Schwester seiner Frau, Marianne verw. Burger, 42 Jahre alt, Mutter von 3 Kindern (1 war gestorben). Auch sie ging noch herum, sah aber ebenfalls sehr matt und abgemagert aus, klagte über grosse Schwäche, stetes Brausen im Kopfe und Schmerzen im Magen und der Brust. Früher hatte sie schon an Magenkrämpfen, aber nicht an der Brust gelitten. Ihr Kopf war heiss und geröthet, insbesondere die Conjunctiva bulbi in der Nähe der Cornea fein injicirt; sie hatte häufiges, trockenes Hüsteln ohne tiefere Lungenaffection, geringes Fieber und eine feuchte, fast reine, ganz leicht weisslich bedeckte Zunge.

In einer anderen, benachbarten Hütte, fast der elendesten, die wir überhaupt auf der Reise gesehen haben, wohnte Marianne verw. Roth, 42 Jahre alt, Mutter von 8 Kindern, von denen 6 am Leben sind. Die eine Tochter Theocadia, 14 J. alt, welche wir sahen, war gesund, ziemlich wohlgenährt und nur von zahllosen Flohstichen um die epigastrische Gegend bedeckt. Ein kleiner Bub von 5 Jahren, Martin, dagegen bot ein Bild der höchsten Atrophie: zwerghafter Wuchs mit grossem, eckigem Kopfe und aufgetriebener Hängebauch bei enormer Leberhypertrophie, sehr magerem Körper, kreideblass, aber von Flohstichen übersäet; die Zunge frei. — Die Mutter lag in einem schmutzigen, höchst widerwärtigen Bett, dessen ursprüngliche Farbe nicht mehr zu erkennen war und in dem selbst das Stroh schon ein ganz schwärzliches Aussehen angenommen hatte. (Die Kinder lagen auf etwas Stroh am Fussboden, indem sie sich mit einer alten Jacke zudeckten. Möbel gab es in der Stube nicht.) Wenn man das Deckbett aufhob, so sprangen die Flöhe so dicht umher, dass man im ersten Augenblick nur die Wahrnehmung des Flimmerns vor den Augen hatte. Die Frau gab an, vor 8 Tagen unter Frost mit wiederholtem Schütteln erkrankt zu sein. Sie klagte gleichfalls über äusserste Schwäche, „Glockenläuten", Kopfweh, Schwarz-, Grün- und Funken-Sehen, Leib- und Brustschmerzen; sie hustete häufig, warf etwas weisslich-schleimige Masse aus, allein der Percussionston war gut und nur hinten hörte man etwas knatterndes Respirationsgeräusch. Der Leib war weich, kein Milztumor wahrnehmbar, der Stuhl angehalten. Die Zunge feucht und rein, die Haut trocken und spröde, der Puls matt aber langsam und fieberlos *).

---

*) Hr. Kamm hatte die Freundlichkeit, mir auch über den Verlauf der Zustände bei diesen Kranken zu berichten: „Fleckenstein's Frau genas sehr bald und befindet sich gegenwärtig wohl. Dieselbe erhielt mit ihrer Familie die nöthige Nahrung, und von mir, nachdem Ol. Ricini Sedes erzielt hatte, leicht aromatische, etwas tonisirende Arzneimittel. Ihre Schwäche verlor sich nebst den leichteren Respirationsbeschwerden bald, sowie auch deren Mann auf den nach vorher angewendeter Salmiaklösung angezeigten Gebrauch von Amaris die nöthige Kraft wieder erhielt. Beide mit ihren Kindern erhalten täglich Nahrung von der Suppen-Anstalt, die im besten Gange ist. Interessant an Joh. F. Stocker war ein etwa nach 8 Tagen ausgebrochenes locales Exanthem an der Regio musc. pectoralis majoris, dem ich den Namen Petechien beizulegen versucht war. Dasselbe war linsenförmig, gruppenweise stehend, roth, mehr hell- als schmutzig-roth, und lief über den rechten Pectoralis weg gegen die Clavicular-Gegend und den Hals hinan. Nach der Form zu urtheilen, bildete der Ausschlag mehr eine Vesicula als Macula, die aber bald verschwunden war. Der Kranke lag dabei nicht zu Bette und war fieberfrei. Gleichwohl war der Kranke sehr entkräftet und herabgekommen. Der Gebrauch von China mit Elix. acid. Hall. schaffte bald Erholung und vor etwa 6 Tagen traf ich den Mann, vom Walde zurückkehrend, mit Holz belastet. Dessen Frau soll, wie die bösen Weibersbrunner Weiber sagen, schwanger

In einem dritten, aber an der Schattenseite des Thales, höher hinauf gelegenen, freundlichern und reinlichern Hause, in der Familie Tann waren von 5 Kindern 3 erkrankt. Das eine war in der Schule, weil das Ausbleiben nicht geduldet wurde. Ein kleiner Bub' von 3 Jahren, Peter, seit 8 Tagen unter Frost, Hitze und reichlichem Schweiss erkrankt, hustet viel und reichlich, hat viel Hitze im Kopf, keinen Appetit, etwas Fieber, normalen Stuhl; eine ältere Schwester, Gertrud, 15 Jahre alt, gleichfalls 8 Tage krank, fiebert heftig, hat Kopfweh, einen Puls von 120 kleinen Schlägen, keinen Appetit, feuchte, weisslich belegte Zunge, täglich 2mal dünne Ausleerungen. Nahrungsmittel waren schon einige Zeit nur kümmerlich vorhanden, aber dennoch trat in diesen Fällen das eigentliche Hungerbild zurück und die fieberhaften Katarrhe der Respirations - und Intestinal-Schleimhaut zeigten sich etwas reiner. Ueberhaupt sahen wir bei Kindern viel weniger die Wirkungen der Noth, und wenn auch die Krankheits-Erscheinungen etwas dadurch modificirt wurden, so erlangten sie doch nicht die Höhe, wie bei den Erwachsenen. Aehnliche Fälle von Kindern sahen wir übrigens in Rothenbuch, Königshofen etc.

Die Erscheinungen des Intestinalkatarrhs in Verbindung mit Hungerzuständen sahen wir unter dem Bilde von Gastrosen, gastrischen und gastrisch-biliösen Fiebern, katarrhalischen Diarrhöen etc. an verschiedenen Orten, besonders in Waldaschaff bei ein Paar Frauen von 38 und 59 Jahren in den grossen Ruinen des zum Gemeinde-Armenhause verwendeten alten Fugger-Hauses. Ausser Klagen über Kopf und Brust waren es besonders Leibschmerzen, über welche sie sich beschwerten: beim Druck auf die epigastrische Gegend steigerten sich dieselben, und wir constatirten eine Leberanschwellung, pelzige, ganz dick weisslich und gelblich weiss belegte Zunge, Appetitlosigkeit, angehaltenen Stuhl bei mässigem Fieber. Zu Gross-Kahl fanden wir eine 61jährige Wittwe, Marg. Schaudi, welche schon längere Zeit an rheumatischen Beschwerden, Hüftweh, Ohrenschmerzen etc. litt, äusserst marastisch war, und jetzt über Sausen und Schwerhörigkeit, Schmerzen im Leibe und dünnen, 3 — 4mal täglich

---

sein. — Anton Roth's Wittwe erklärte sich 5—6 Tage nach Ihrem Besuche als genesend, war es auch, und bedurfte nur der hinlänglichen Nahrung, die sie auch erhalten hatte; ich sah sie bald wieder ausser Bette und thätig in ihrem Hause. Ihr verkümmertes Söhnchen lag auch in Folge von Entkräftung im Bette; nachdem aber täglich Suppen aus der Suppen-Anstalt gereicht werden, so geht es ihnen besser. — Die Krankheit der Joseph Burger's Frau verlief regelmässig; sie hielt sich noch einige Tage ausser Bette, legte sich etwa 4 Tage zu Bette und stand genesen, nachdem die Krankheit 10—12 Tage gedauert hatte, auf."

erfolgenden Durchfall klagte. Ihre Zunge war stark belegt, ihr Kopf heiss, die Conjunctiva fein injicirt, das Fieber gering. —

Das ist eine kurze Uebersicht der hauptsächlichsten Krankheitsformen, die uns entgegentraten. Ich begreife, dass Viele ihre Darstellung unvollkommen, ihre Deutung nicht gehörig motivirt finden werden. Diese bitte ich zu bedenken, dass es unsere Aufgabe war, in einer möglichst kurzen Zeit ein übersichtliches Bild der Gesammt-Verhältnisse im Spessart und dem Kahlgrunde zu gewinnen, und dass selbst die körperliche Ermüdung zuweilen nicht gestattete, Alles das zu Papier zu bringen, was durch die Untersuchung oder das Examen erlangt worden war. Da ich indess weiss, wie das Gedächtniss täuscht und die theoretische Anschauung die factische modificirt, so habe ich es für zweckmässig gehalten, meine Notizen ohne wesentlichen Zusatz zu wiederholen und nur in der allgemeinen Zusammenfassung die Darstellung zu geben, wie sie in meiner Erinnerung begründet ist.

Die Frage, welche vor Allen an uns gestellt war, ob nämlich aus dem Hunger heraus eine unmittelbare Reihe von Krankheitszuständen sich entwickelt haben, konnten wir ohne Bedenken auf die relativ kleine Kategorie von Fällen beschränken, welche ich zuletzt besprochen habe. In der That sahen wir einen gewissen Zustand der Erschöpfung, der Schwäche, der Resistenzlosigkeit entstanden, der die Prädisposition zu Erkrankungen in sich trug, einen Zustand, den ich früher als Hungerzustand (status famelicus) bezeichnete, und in dem die Leute auch bei leichten Störungen in einer relativ heftigen Weise erkrankten. In diesem Zustande, welcher überall den Charakter des chronischen an sich trug, fanden wir die Leute schwach, arbeitsunfähig, abgemagert, hohläugig; sie hatten angehaltenen Stuhl, Schmerzen im Leibe, eine trockene, schmutzige, meist kühle Haut, einen matten, häufig fieberlosen Puls, eine meist reine und feuchte Zunge, aber fast alle kamen darin überein, dass sie über Kopfweh und Eingenommenheit, über Sausen und Glockenläuten, zuweilen über Gesichtsstörungen klagten, und dass sie einen heissen Kopf, injicirtes Gesicht, namentlich eine helle Injection der Conjunctiva bulbi zeigten. Manches von diesen Erscheinungen, namentlich wo sie durch Complication irgend einer ernsthafteren Localaffection den febrilen Charakter annahmen, erinnerte uns an leichtere Formen des Typhus, und es konnte die Frage entstehen, ob man diess nicht als Anfang des Hungertyphus bezeichnen sollte. Der Erfolg scheint uns gerechtfertigt zu haben, wenn wir uns dagegen aussprachen: die Anlegung von Suppenanstalten, die Vertheilung von Brod, Reis etc. hat fast überall genügt, sofort diese Zustände zu beseitigen.

Eine eigenthümliche Schwierigkeit trat uns im Anfange entgegen, auf die ich wenig vorbereitet war. Wir fanden zuerst in Weibersbrunn, gerade bei den am meisten durch den Hunger Heruntergekommenen zahlreiche Flecken auf der Haut von dem Aussehen sogenannter Petechien. Indess kam sehr bald der Verdacht, dass es sich um Flohstiche handle, und namentlich Herr Schmidt hielt diese Meinung aufrecht zu einer Zeit, wo ich keineswegs geneigt war, mich ihm anzuschliessen. Es war nicht die Frage von den gewöhnlichen Flohstichen, wie wir sie frisch wohl alle kennen gelernt haben, von diesen relativ grossen, leicht bläulich rothen, gegen den Rand hin blasser werdenden, unter dem Fingerdruck zum grossen Theil verschwindenden, flachen Flecken, sondern von ganz kleinen, scharf umgrenzten, vollständig runden, dunkelrothen, unter dem Fingerdruck sich nicht wesentlich ändernden Punkten. Mit andern Worten, es handelte sich nicht um frische Flecke, bei denen der grössere Theil aus einer Hauthyperaemie besteht, sondern um alte Flecke, die einen Tag und darüber alt waren, bei denen der hyperaemische Kreis verschwunden und nur die kleine centrale Extravasation, die durch den Stich selbst hervorgebracht ist, zurückgeblieben war. Unsere eigene Erfahrung an unserem eigenen Leibe entschied endlich die Schwierigkeit, und es konnte uns kein Zweifel darüber bleiben, dass wir hauptsächlich diese Flohstich-Extravasate vor uns hatten. Dass sie in so colossaler Ausbreitung, zu Hunderten und Tausenden über den Körper verbreitet waren, konnte freilich nicht Wunder nehmen, da, wie ich schon früher in einem Falle anführte, in den Betten dieser Kranken zuweilen ein förmliches Flimmern von den springenden Flöhen entstand und wir dadurch in Fällen, wo es nicht absolut nöthig war, zuweilen von der genaueren Untersuchung zurückgeschreckt wurden. So erinnere ich mich einer Frau in Waldaschaff, die an einer chronischen Lungenaffektion darnieder lag, und bei der es uns nicht möglich war, den Ekel und die Besorgniss zu überwinden, von den Myriaden von Flöhen, die bei der Entblössung ihres Thorax hervorsprangen, überschwemmt zu werden. Allein das Auffällige und im Anfang insbesonders Zweifelhafte war der Umstand, dass diese Flecke sich nicht gleichmässig über den Körper verbreitet fanden. So sahen wir z. B. bei Einzelnen diese Flecke in enormer Zahl nur auf der Brust, in der epigastrischen Gegend oder in der Lendengegend, bei andern auf Brust, Bauch und unterem Extremitäten, bei Andern auf Bauch, Hals und Armen, und zwar nicht gemengt mit frischen Flecken, sondern oft ganz rein und gleichmässig. Erst später zeigte sich, dass auch diese Stellen meist gerade durch die Anwesenheit von Flöhen am besten zu erklären waren, dass es gewöhnlich die am meisten geschützten, bedeckten und erwärmten Stellen waren, wohin sich diese Thiere zurückzogen. So häuften sie sich bei Weibern in der epigastrischen Gegend, dicht unter dem Theil, wo die Röcke, Jacken und Schürzen um die Taille befestigt zu sein pflegen, während sie bei Männern häufig in die Hosen hinabgingen.

Nachdem dieser Irrthum beseitigt war, fragte es sich, ob denn nicht auch Petechien vorkämen. Hier entstand aber die Schwierigkeit, wodurch die heutzutage sogenannten Petechien von diesen Flohstich-Extravasaten zu unterscheiden seien? Niemand war auf diese Unterscheidung hinreichend vorbereitet, und selbst die einheimischen Aerzte theilten im Anfange meinen Irrthum, indem sie die Flohstich-Extravasate zum Theil für Petechien nahmen *). Auch gegenwärtig muss ich bekennen, dass ich nur eine diagnostische Möglichkeit sehe, nämlich dass bei den spontanen petechiälen Extravasationen das Blut meist um die Haarbälge oder in unregelmässigeren Haufen in tieferen Schichten des Corium liegt, während es sich bei den pediculären beliebig, wahrscheinlich meist nicht an den Haarbälgen und stets an der Oberfläche des Coriums in ziemlich constantem Maasse findet**). Allein häufig wird diese Unterscheidung gewiss sehr schwierig sein und es ist die Frage, ob man nicht oft genug Verwechslungen begangen hat. Jedenfalls gestehe ich, dass mir das Wort von Fracastorius: vulgus lenticulas aut puncticula appellat, quod maculas proferunt lenticulis aut puncturis pulicum similes; quidam mutatis literis peticulas dicunt, nie so sehr in die Erinnerung getreten und die von neueren Historikern bezweifelte Ableitung des Wortes Petechien von pediculi nie so

---

*) Ich habe schon oben aus einem Briefe des Herrn Kamm eine Stelle citirt, wo er bei einem unserer Kranken später wahre Petechien gesehen zu haben glaubt. Es dürfte daher von Interesse sein, zu erwähnen, dass derselbe Beobachter in einem seiner Berichte an die k. Regierung die Geschichte eines 12jährigen Knaben von Weibersbrunn citirt, bei dem er einen Morbus maculosus fand (Gilbert Roth). Derselbe war ganz munter, ging in die Schule, als er von häufigen Blutungen aus Mund und Zahnfleisch befallen wurde. Das Blut war dunkel. Der ganze Körper von Kopf zu Füssen bedeckte sich mit Erbsen- bis Linsengrossen, dunkelbraunrothen Flecken, während an den Schenkeln hie und da schwarzbläuliche grössere und unregelmässige Flecke, die leicht ins Grünliche spielten, erschienen. China mit Säuren wurde mit Erfolg angewendet.

**) Fuchs (die krankh. Veränd. der Haut. Bd. I. S. 357.) gibt an, dass sich die Purpura minima (Petechien) von Flohstichen leicht durch ihre gleichmässige Färbung und Beständigkeit unter dem Fingerdrucke unterscheidet, während im Centrum des Flohstichs eine kleine perstante Sugillation, in seinem Umfange aber eine rosige, unter dem Fingerdrucke verschwindende Areola zu bemerken ist, ferner durch ihr längeres Verweilen auf der Haut. Da wir dieses letztere Kriterium nicht abwarten konnten, das erstere aber für die Spessart-Flecke, bei denen eben nur das sugillirte Centrum zu sehen war, nicht zutrifft, so konnten wir nach dieser Anleitung natürlich nichts entscheiden.

überzeugend demonstrirt worden ist. Ob ich irgendwo im Spessart eine spontane Petechie gesehen habe, wage ich nicht zu behaupten. —

Unter anderen Verhältnissen würde der angeführte Hungerzustand, indem er die Prädisposition für Krankheiten der verschiedensten Art begründete, vielleicht zu einer grossen Hungerpest geführt haben. Die Spessart-Orte sind, wie ich gezeigt habe, fähig, Typhus-Epidemien auch ohne Hunger in sich zu entwickeln: um wie viel mehr hätte sich eine solche Epidemie in einer ausgehungerten Bevölkerung verbreiten können. Allein einerseits wurde dem Hunger glücklicherweise früh genug gesteuert, um die Prädisposition nicht zu weit vorschreiten zu lassen, und anderseits war es eben nicht „Typhus-Wetter", keine Constitutio typhosa. Auch dürfen wir nicht vergessen, dass unsere ganze Untersuchung gezeigt hat, wie die **ungünstigen Bedingungen des socialen Lebens in den Spessartbergen zum grossen Theil paralysirt werden durch die günstigen Bedingungen der Elevation des Landes und der Formation des Bodens, und wie diese armselige und indolente Bevölkerung, welche durch jedes einzelne Missjahr in die Noth des Hungertodes gebracht wird, doch ein Sterblichkeitsverhältniss darbietet, fast so günstig wie es die besten Länder der alten Welt zeigen.** Unsere Vorhersage, dass keine Epidemie in nächster Zeit zu befürchten stehe, hat sich glücklich bewahrheitet, aber wird man die andere Vorhersage vergessen, dass jedes neue ähnliche Jahr ähnliche Opfer verlangen wird und ungleich grössere Calamitäten bringen kann? Bildung, Wohlstand und Freiheit sind die einzigen Garantien für die dauerhafte Gesundheit eines Volkes. —

Im gleichen Verlag:

Helmuth Wolff

Der Spessart - sein Wirtschaftsleben

Wer über den Spessart wirklich Bescheid wissen will, braucht "den Wolff".
Wolffs Buch erschien 1905. Als Urlauber kam er in den Spessart – "und habe ihm zwei ganze Jahre meines Lebens gewidmet", schreibt er im Vorwort.
Noch heute gilt Wolffs Buch als Standardwerk, liegt sein Wert und seine weitere Gültigkeit in der analytischen Schilderung der vorherigen Wirtschaftsgeschichte und in der mit umfangreichem Tabellenmaterial untermauerten genauen Schilderung der Zustände bei Entstehen in den Jahren 1903 bis 1905.
Helmuth Wolff einen Statistiker zu nennen wäre zu wenig. Er studierte Wirtschaftswissenschaften, promovierte 1902 zum Dr. rer. pol., war an statistischen Ämtern in München, Zürich und als Direktor in Halle tätig und wurde 1914 Professor an der dortigen Universität. In den Jahren 1903 bis 1906 verfaßte er viele Beiträge für Zeitungen und Zeitschriften über unser Gebiet.

Reihe *orbensien rareprints*

Im gleichen Verlag:

Spessart – Bilanz einer Kulturlandschaft
Dokumentation des bayerisch-hessischen Spessart-Projekts

1995 war ein besonderes Jahr für den Spessart. Erstmals in ihrer Geschichte wurde die bayerisch-hessische Mittelgebirgslandschaft als Natur- und Lebensraum einer Bilanz unterzogen. Ziel war, das Wissen über die Region zu sammeln, zu bilanzieren und Zukunftsperspektiven zu diskutieren.
In Bad Orb fand ein einwöchiger länder- und fachdisziplinübergreifender Kongreß über den Spessart statt, der über 400 Zuhörer zusammenführte und sich ausführlich mit Geschichte, Gegenwart und Zukunft der Region befaßte.
Die 1996 darüber erschienene Dokumentation enthält sämtliche, während des Kongresses gehaltenen Vorträge. Über 60 Autoren, zum überwiegenden Teil ausgewiesene Spessartkenner oder aufgrund ihrer beruflichen Tätigkeit mit dem Spessart in enger Berührung stehend, stellten ihre Beiträge zur Verfügung.

ISBN 3-927176-06-0